JANA VISCARDI

COMO NOS COMUNICAMOS IMPORTA

UM MANUAL PARA REPENSAR NOSSA LEITURA DO MUNDO

Planeta

Preparação: Cássia R. Oliveira
Revisão: Queni Winters e Caroline Silva
Projeto gráfico e diagramação: Márcia Matos
Capa: Renata Spolidoro
Imagem de capa: Freepik / Rawpixel

Dados Internacionais de Catalogação na Publicação (CIP)
Angélica Ilacqua CRB-8/7057

Viscardi, Jana
Como nos comunicamos importa / Jana Viscardi. - São Paulo : Planeta do Brasil, 2025.
160 p.

Bibliografia
ISBN 978-85-422-3802-0

1. Linguística 2. Análise do discurso 3. Comunicação
I. Título

25-3627 CDD 410

Índice para catálogo sistemático:
1. Linguística

MISTO
Papel | Apoiando o manejo florestal responsável
FSC® C005648

Ao escolher este livro, você está apoiando o manejo responsável das florestas do mundo e outras fontes controladas

2025
Todos os direitos desta edição reservados
à EDITORA PLANETA DO BRASIL LTDA.
Rua Bela Cintra, 986 – 4º andar
01415-002 – Consolação
São Paulo-SP
www.planetadelivros.com.br
faleconosco@editoraplaneta.com.br

"A linguagem é algo fantástico. Quem controla a linguagem, controla tudo."

Percival Everett

Para Eduardo, com quem
construo o(s) sentido(s) da vida

Sumário

Introdução

Você abre os olhos. Ainda na cama, pega o celular. Dedos deslizando sobre a tela, acompanha o que está acontecendo no Brasil e no mundo. Danças genéricas, imitações, notícias do cotidiano. Tantas vozes acopladas a um mesmo aplicativo, que congrega todo tipo de informação: de notícias de jornais a conteúdos de anônimos, passando ali todos os dias, diante dos seus olhos. O que antes se revelava pelas manchetes nos jornais impressos que chegavam nas casas das pessoas, ou nas bancas de jornais que vendiam distintos exemplares, hoje se nos apresenta a partir de uma tela, à qual estamos conectados — boa parte de nós, o dia todo. É ali, por meio dos nossos celulares e de diferentes aplicativos, que nos conectamos com o que acontece em diferentes lugares: de um episódio de violência na cidade onde vivemos à vida de uma celebridade distante. Tudo tão rápido, em texto, em fotografia, em áudio, em vídeo. Multimídia, multimodal, multitudo.

Rapidez. Eis aquela que parece ser a palavra-chave destes tempos de tanta informação. Muitas vezes não se sabe muito bem de onde vem, mas ela vem. Veloz. Acessível. Na ponta dos dedos. Essa dinâmica transforma como consumimos as notícias. O que antes parecia restrito aos jornais hoje nos alcança sem que nada busquemos, a partir de perfis os mais variados, inclusive de ilustres desconhecidos.

Diante desse caos turbulento, que invade também a minha própria vida há anos, interessa-me acompanhar como os títulos, manchetes e notícias vão sendo produzidos nos veículos de mídia. Na atualidade, a imprensa se vê apertada pelas grandes corporações de tecnologia, espaço onde as pessoas e suas câmeras documentam tudo, sem serem jornalistas, sem estarem afiliados a qualquer veículo. O que antes podia ser considerado um monopólio de produção de conhecimento e informação pela mídia tradicional hoje se dissipou em um ecossistema bastante amplo, com participantes variados tentando chamar a sua e a minha atenção enquanto vemos uma receita de bolo ou a história de superação de um homem que perdeu a família. Tudo isso mobilizado por algoritmos que não sabemos como funcionam. É das tais Big Techs o controle.

Atenção. São tempos de buscá-la a todo instante. Os títulos seguem chamativos, como num grito. É novidade? Não é. Quando os jornais passaram a ter edições vendidas individualmente — e não mais obrigatoriamente vinculadas a assinaturas —, vendedores se posicionavam nas ruas gritando as informações de cada um dos jornais, o que foi visto pela elite, à época, como um absurdo. Não é mais. Inclusive, cai a cada dia o número de assinaturas dos jornais e de exemplares vendidos em avulso. O consumo de informações é feito de maneira a burlar a lógica das *paywalls*. Além disso, há muito de gratuito nas redes. Caiu um prédio? Eis lá os moradores documentando e postando tudo. Sofreu um acidente? Lá está um espectador — e filmador — atento. Alguém não cedeu seu lugar no avião? Barraco público para todo mundo ver e ouvir. Há muito de tudo: notícias, documentários, tutoriais, descobertas. É preciso buscar, constantemente, o olhar do público.

Os gritos, portanto, nos chegam de outra forma. São gritos por espaço e atenção *digitais*. Para onde você vai direcionar seus olhos e seus dedos? Em qual informação você vai clicar? Um mundo feito de *hiperlinks* e promessas. Promessa de que aquele é o texto que mais vale ler, de que ali nossa atenção será entretida, nem que seja por três míseros segundos. *Bum.* Lá está mais uma novidade, mais uma catástrofe, mais uma tragédia a ser acompanhada, como se fosse uma novela.

Nesse interlúdio estamos eu e você, tentando acessar informação aqui, lazer acolá. Tentando escolher o que acompanhar. Muitas vezes não é preciso qualquer esforço, já que nos é encaminhada por WhatsApp a notícia que, supostamente, deveríamos saber. Mas, ainda que haja tanto a seguir e acompanhar, alguns dos métodos de operação dos jornais parecem se manter semelhantes aos de anos atrás: criar uma manchete de impacto, trazer o *lead* para o início do texto. Assim, ainda que, do surgimento do primeiro jornal até os dias de hoje, a maneira de nos mantermos informados tenha se transformado bastante, o formato das notícias guarda alguma semelhança com o de tempos passados.

A imprensa tem um instrumento importante em mãos. Os jornais são o espaço em que se discursa sobre o mundo, sobre o que acontece. Ali, decide-se o que tem valor, o que deve se transformar em notícia.[1] Mesmo em meio a tanto barulho. É um dos importantes espaços em que, ainda hoje, se constroem e negociam sentidos do mundo. Ainda é o espaço a que, supostamente, recorre-se para se obter informações de qualidade, verificadas. Por isso, ainda que estejamos passando por tantas transformações no modo de consumir notícias e de produzir conhecimento, os jornais seguem despertando o interesse de pesquisadores e pesquisadoras, que buscam

---

[1] Para saber mais sobre a questão da pauta, sugiro a leitura de: Moraes, F. **A pauta é uma arma de combate**: subjetividade, prática reflexiva e posicionamento para superar um jornalismo que desumaniza. Porto Alegre: Arquipélago, 2022.

compreender como as mídias hegemônicas se apropriam de uma dada realidade para falar sobre ela.

Pierre Bourdieu, em seu livro *Sobre a televisão*,[2] já dizia da homogeneidade do setor, diante de grupos pouco diversos atuando na área jornalística, dos currículos universitários tão próximos, do coleguismo entre profissionais de diferentes veículos, das dinâmicas de poder que afetam a todos os jornalistas, na base de sua atuação e na relação com seus superiores. Curiosamente, nada disso pode ser ignorado quando pensamos a escrita – toda e qualquer escrita, dado que ela influencia sobre o que se vai falar e como.

Neste livro, meu interesse está em passear por títulos e manchetes usados para falar sobre diferentes temas e, a partir daí, pensar

---

[2] Bourdieu, P. **Sobre a televisão**. Tradução de: Maria Lucia Machado. Rio de Janeiro: Zahar, 1997.

quais mundos se constroem e se consolidam.[3] E também, com isso, pensar sobre a escrita, um tema que me acompanha há tantos anos.[4] Como linguista, interessa-me pensar o texto em sua presença num mundo de desigualdade de vozes, de direitos, de possibilidades. Como linguista, interessa-me desbravar o universo da linguagem para reconhecer que não há uma maneira única de observar e descrever um episódio. Interessa-me explorar as possibilidades de escrita — dentro e fora dos jornais — que não ignorem as profundas desigualdades e diferenças. Como linguista,

---

[3] Você verá que os títulos e manchetes trazidos para a nossa conversa são, em boa medida, de jornais de São Paulo e do Rio de Janeiro. A escolha não tem por objetivo ignorar a produção textual jornalística do país como um todo, mas discutir algumas das escolhas daqueles que são reconhecidos como os maiores jornais e/ou portais de notícias brasileiros.

[4] Viscardi, J. **Escrever sem medo:** um guia para todo tipo de texto. São Paulo: Editora Planeta, 2024.

interessa-me trazer você, que tem este livro em mãos, para perto, para que sua leitura dos fatos do mundo seja cada vez mais plural e diversa, reconhecendo a importância do jornalismo e, também, por que não, suas falhas, problemas e desafios.

É com esse espírito que convido você a esta leitura. Que possamos aprender juntos.

1.
A segurança é por sua conta – e risco

A cidade de São Paulo faz aniversário no dia 25 de janeiro. No feriado de seus 471 anos, um sábado de sol, eu voltava para casa da academia quando torci o pé. Calçadas desniveladas, muitos buracos. Sequer caí no chão, mas rapidamente percebi que havia algo errado. A dor para pisar era insuportável. Precisei de ajuda para concluir o trajeto de dois quarteirões até chegar em casa. Naquele dia, tive que mudar meus planos. Parabéns, São Paulo. Em vez de almoçar com amigos, fui ao hospital verificar o que tinha acontecido com meu tornozelo. Ligamentos rompidos? Osso quebrado? Com a constatação de possível rompimento de ligamentos, saí do hospital dolorida, mas com fome, e escolhi, junto com meu marido, um lugar para almoçar. Eram quase três horas da tarde. Já sentada, tomando meu suco de graviola, meu marido me diz "começou um assalto". Estávamos sentados, dentro do restaurante, esperando nossa comida chegar. Duas pessoas entraram no estabelecimento, fecharam a porta, renderam clientes e funcionários e roubaram o celular de todos — os nossos inclusos. Entre ameaças de morte e tapas, não houve feridos graves. Ficou o susto. Dois minutos depois de terem partido, chegou a polícia, que auxiliou as pessoas a bloquearem contas digitais, procurando evitar com isso maiores danos materiais. Dois presentes da cidade que aniversariava naquele dia: zeladoria urbana descuidada e violência a galope.

Dias depois desse episódio, uma matéria na *Folha de S.Paulo* dava notícia sobre esse e outros casos de violência que vinham acontecendo com frequência naquela região da cidade. "Ondas de violência" em bairros considerados nobres. Naquele momento, muitos tinham sido os assaltos, incluindo a morte de um turista durante o roubo de seu celular à luz do dia.[5] Episódios narrados ali, naquela matéria, com aspas de especialistas e moradores da região.

Mas, quando se trata de apresentar e discutir segurança urbana, não só de registros

---

[5] Gomes, B.; Urzino, J. Vídeo mostra quando jovem é baleado e morto durante assalto em Pinheiros. **UOL**, São Paulo, 23 jan. 2025. Disponível em: https://noticias.uol.com.br/cotidiano/ultimas-noticias/2025/01/23/jovem-morto-assalto-pinheiros-sp-janeiro-2025.htm. Acesso em: 2 jun. 2025.

dos casos de roubo, furto e assalto vivem os jornais. Diferentes veículos publicam também, de tempos em tempos, reportagens com sugestões de "especialistas" sobre como os cidadãos comuns devem lidar com a violência nas grandes cidades. Foi nesse espírito que o portal UOL publicou no dia 19 de fevereiro de 2025 reportagem com o título:

> "Assaltos com motos: como se proteger da onda de crimes que ocorre em SP"[6]

Depois de introduzir a questão aos leitores, sinalizando que a cidade "tem enfrentado uma preocupante onda de assaltos violentos

[6] Gama, P. Assaltos com motos: como se proteger da onda de crimes que ocorre em SP. **UOL**, 10 fev. 2025. Disponível em: https://www.uol.com.br/carros/colunas/paula-gama/2025/02/19/como-se-proteger-da-onda-de-assaltos-com-motos-em-sao-paulo.htm. Acesso em: 2 jun. 2025.

cometidos por criminosos em motocicletas", a colunista Paula Gama, na seção "Carros" do portal, convida um policial federal — que atua também como instrutor de defesa pessoal — para trazer técnicas de defesa diante dos casos de violência cometidos frequentemente contra pedestres, motociclistas e motoristas de carros.

Depois das aspas do instrutor e policial, em que ele afirma que "o assaltante não quer esforço, quer oportunidade", tem sequência um conjunto de sugestões para motociclistas, a saber: evitar "locais e horários de risco", manter o "controle emocional" quando "o assalto for inevitável" e "acelerar" ao perceber possível assalto, caso o motociclista tenha "domínio total do veículo". Para os motoristas, é sugerido dirigir "sempre atento ao ambiente", manter "vidros fechados e portas trancadas" e evitar "mexer no celular dentro do carro". Para pedestres, a lista de conselhos é mais longa. Sugere-se evitar "usar o celular enquanto caminha", ficar "atento ao entorno", não exibir "objetos de valor", dentre os quais destacam-se relógios, fones, correntes, que deveriam ser "guardados" antes de sair. Ainda se sugere buscar por "trajetos movimentados e iluminados", mudar de rota caso perceba "alguém suspeito" e, em caso de abordagem, não reagir. Cada sequência de dicas é seguida de novas aspas do policial, explicando suas sugestões.

Em uma nova seção do mesmo texto, são apresentadas "ferramentas" para carros que podem "aumentar" a segurança: película de vidro escuro, blindagem veicular e película antivandalismo. Em seguida, são trazidos casos concretos de "assaltos que abalam São Paulo" e, por fim, o que diz a Secretaria de Segurança Pública sobre a questão da violência na cidade: policiamento intensificado, operações em "pontos estratégicos". São compartilhadas ainda informações sobre as investigações: motocicletas usadas nos assaltos podem ser clonadas. E, para finalizar as observações trazidas pela Secretaria, a reportagem aponta que houve queda no número de roubos em São Paulo em 2024. No final do texto, o "contraponto" à informação sobre a queda, com o parágrafo que fecha o texto dizendo:

> "Porém, a sensação de insegurança persiste. Especialistas apontam que a prevenção individual e a atenção redobrada são essenciais para minimizar riscos."

Ainda que o órgão responsável por garantir a segurança na cidade — a saber, a Secretaria de Segurança Pública — seja citado na parte final, toda a reportagem é direcionada, como nos mostra o título, a sinalizar aos cidadãos o que eles, individualmente, devem fazer para se proteger dos assaltos.

As "dicas", no entanto, não se restringem a uma sugerida prevenção individual de assaltos, mas também mostram como as pessoas devem se comportar *durante* uma possível abordagem. "Não reagir" é o conselho repetido para pedestres, motociclistas e motoristas. O espaço dado à Secretaria de Segurança Pública não traz contraponto detalhado ao que a própria secretaria diz, ao mesmo tempo em que ela não revela se novas medidas serão tomadas para que a cidade seja mais segura para seus moradores. Não há qualquer crítica direta às falhas do Estado em manter a cidade segura ou informações sobre ações integradas de diferentes secretarias para mitigar a violência. O nome do prefeito da cidade não é mencionado, tampouco o do governador. Também não se diz o nome do secretário. Não se discutem quais os caminhos para que a administração pública transforme a cidade em um espaço mais seguro. Os cidadãos é que devem recorrer à "prevenção individual", além de manter "atenção redobrada".

No dia 14 de outubro de 2024, na seção "Carros — manutenção e segurança", o Portal UOL divulgou a seguinte reportagem:

> "Kit ladrão: como tática ajuda a evitar o pior durante assalto no trânsito"[7]

Neste caso, o texto inicia apontando o aumento no número de assaltos a motoristas para afirmar que "a segurança pessoal tornou-se uma preocupação primordial para quem dirige nas cidades". O parágrafo

[7] Wandick, D. Kit ladrão: como tática ajuda a evitar o pior durante o assalto no trânsito. **UOL**, 14 out. 2024. Disponível em: https://www.uol.com.br/carros/noticias/redacao/2024/10/14/kit-ladrao-como-tatica-ajuda-a-evitar-o-pior-durante-assalto-no-transito.htm. Acesso em: 2 jun. 2025.

seguinte destaca que especialistas em segurança e autodefesa indicam uma série de medidas que minimizariam os riscos em um assalto. Introduz-se então a ideia do "kit ladrão", que traria itens a serem entregues ao assaltante em caso de abordagem. Ao explicar o que seria o kit, o autor da reportagem cita o mesmo especialista em defesa pessoal da reportagem anterior. Fabio Henriques apresenta quinze sugestões de como prevenir um assalto ou agir, caso ele seja inevitável, várias delas semelhantes às que foram trazidas na reportagem anterior: manter a calma, não reagir ao assalto, evitar contato visual, não gritar, memorizar características do assaltante, manter vidros e portas fechados, estar atento ao ambiente, não deixar objetos de valor à vista no carro, evitar rotas com alta incidência de assaltos, manter distância segura do carro da frente, instalar sistema de segurança no veículo, considerar usar películas nos vidros do carro, ser discreto no manuseio de itens dentro do veículo, estacionar em locais seguros.

Depois de apresentadas as dicas, os dois últimos parágrafos do texto destacam o número de pessoas assaltadas em seus carros por dia na cidade de São Paulo, acompanhado da informação de que a região metropolitana de São Paulo concentra 70% dos furtos e roubos de veículo de todo o estado. O único momento em que a Secretaria de Segurança Pública é mencionada é para trazer as estatísticas sobre os assaltos na cidade:

> "Dados recentes da Secretaria de Segurança Pública de São Paulo indicam que, na capital, cerca de 20 pessoas são assaltadas no trânsito por dia."

O texto não fala sobre o papel das diferentes instâncias para a melhoria da segurança na cidade e no estado, tampouco propõe caminhos de políticas públicas para a mudança do cenário. O foco está em apresentar o chamado "kit ladrão", além de ensinar como se proteger individualmente da violência. Não se trata, claro, do único exemplo.

No dia 24 de abril de 2024, o jornal *Estadão* apresentou uma ferramenta chamada "Rota+segura 2.0".[8] No título de apresentação, lê-se: "Roubo de veículo em SP: qual é a rota mais segura? Faça a consulta no mapa interativo". De acordo com o próprio jornal, a plataforma "mostra caminhos com menos incidência de crimes a carros e motos na

---

[8] Damasceno, C.; Ponceano, B.; Thaynan, L. Roubo de veículo em SP: qual é a rota mais segura? Faça a consulta no mapa interativo. **Estadão**, São Paulo, 24 abr. 2024. Disponível em: https://www.estadao.com.br/sao-paulo/rota-mais-seguro-roubo-carros-veiculos-sao-paulo/. Acesso em: 2 jun. 2025.

capital paulista". É possível filtrar os casos por "tipo" e "dia da semana". Mais uma vez, é responsabilidade dos motoristas saberem por onde devem ou não circular.

Também no *Estadão*, em agosto de 2023, o jornal reportou o aumento de 36% na incidência de furtos e roubos de motos com a reportagem "Roubo e furto de motos crescem 36% em SP: veja dicas para se proteger".[9] No caderno "Mobilidade", a escolha da matéria é disponibilizar dicas de como o cidadão pode se proteger dessas ocorrências.

O primeiro parágrafo do texto traz as estatísticas de roubo e furto de motos, citando os dados coletados pela Secretaria de Segurança Pública do Estado de São Paulo e levantados

---

[9] Caldeira, A. Roubo e furto de motos crescem 36% em SP: veja dicas para se proteger. **Estadão**, São Paulo, 30 ago. 2023. Disponível em: https://mobilidade.estadao.com.br/meios-de-transporte/roubo-e-furto-de-motos-crescem-36-em-sp-veja-dicas-para-se-proteger. Acesso em: 2 jun. 2025.

pela Ituran Brasil, "especialista em monitoramento de veículos", de acordo com o jornal.

Em seguida, surgem aspas do coordenador de operações da empresa, sobre o aumento do número de novas motos e, com isso, da demanda por mais peças, inclusive roubadas e furtadas – o que reflete nos índices de criminalidade. Em um dado momento, o texto destaca a predominância de motocicletas maiores entre as que são roubadas. O autor apresenta as mudanças promovidas pelos fabricantes em função das ocorrências de violência, como a instalação de rastreadores ou seguros gratuitos por diferentes marcas.

A última parte do texto se dedica a oferecer dicas de segurança aos motoristas: escolher estacionamentos seguros; fazer uso de dispositivos de segurança, como travas ou correntes; variar os caminhos; ter atenção à noite; fazer o seguro. A menção à Secretaria de Segurança Pública se limita novamente aos dados coletados por ela. Não há qualquer discussão sobre seu papel para melhorar a qualidade de vida e deslocamento de quem faz uso das motocicletas na cidade.

Estes são alguns exemplos de textos que escolhem abordar a questão da segurança pública a partir de uma perspectiva individualizante — e, por isso, limitada e limitante. Sugere-se, ao fim e ao cabo, que os cidadãos não saiam livremente pelas ruas e que não usem seus pertences com vistas a diminuir o risco de abordagem. Por não trazerem consigo uma reflexão sobre o papel do Estado em garantir a segurança das pessoas, acabam por responsabilizar e culpabilizar os indivíduos que circulam pelo território urbano. Pense, por exemplo, no episódio que relatei no início do capítulo: quais seriam as "dicas" dos especialistas para o caso de um assalto dentro de um restaurante em pleno dia? Evitar sair de casa aos finais de semana?

Um informe publicitário, a mesma estrutura textual

No dia 27 de novembro de 2024, um texto com o título "Alta no roubo de motos em SP: como se proteger e não fazer parte da estatística?" foi compartilhado no *G1*, portal de notícias da Globo.[10] A estrutura é bastante semelhante: primeiro, aponta os números sobre os assaltos, para, em seguida, trazer "dicas" para que motociclistas possam se proteger. As sugestões são: manter-se "atento ao ambiente", priorizar "trajetos seguros", cuidar dos próprios pertences, andar em grupo "quando possível", não reagir em casos de assalto e contratar um seguro especializado.

---

[10] Suhai Seguradora. Alta no roubo de motos em SP: como se proteger e não fazer parte da estatística? **Portal G1**, 27 nov. 2024. Disponível em: https://g1.globo.com/especial-publicitario/suhai-seguradora/noticia/2024/11/27/alta-no-roubo-de-motos-em-sp-como-se-proteger-e-nao-fazer-parte-da-estatistica.ghtml. Acesso em: 2 jun. 2025.

Em seguida, o texto traz sugestões de como escolher um seguro que "caiba no bolso" do leitor. São apresentados os diferentes tipos de seguro e, no último parágrafo, lê-se: "Acesse o site da Suhai Seguradora para saber mais sobre as coberturas disponíveis para você e faça a cotação do seu futuro seguro".

O que chama a atenção aqui é que esse texto, tão semelhante às reportagens anteriores, é um anúncio publicitário. Toda a estrutura acompanha o que seria a estrutura de uma notícia ou uma reportagem do portal G1, por exemplo. As diferenças entre os conteúdos jornalístico e publicitário se revelam "nas bordas": no cabeçalho, lê-se "espaço publicitário". Na autoria, revela-se quem produziu o texto: "Suhai Seguradora". Na imagem que abre o anúncio, temos a foto de um homem negro, de camiseta amarela e calça jeans, olhando para um celular sentado em sua moto.

A legenda da imagem diz: "Conheça a Suhai Seguradora, empresa líder em seguro de moto. — Foto: Shutterstock".

Todo o mais se assemelha aos textos jornalísticos apresentados anteriormente: a apresentação de dados estatísticos para fundamentar a conversa, aspas de uma figura de autoridade, apresentação de dicas para não se colocar em risco, ou, nos dizeres do texto, "para evitar essa dor de cabeça". Além disso, todos os textos trazem para o indivíduo a responsabilidade pela própria segurança, apresentando serviços variados que podem ser contratados pelos cidadãos para não se tornarem estatística. Curiosamente, no entanto, o que várias das dicas apontam é que não se trata necessariamente da *prevenção* de um assalto, mas da redução de danos no caso de um assalto através da oferta (patrocinada ou não) de seguros, películas antifurto, kit ladrão.

Semelhanças e problemas

A cada onda de assaltos, os jornais tradicionais preparam reportagens que trazem um especialista (por vezes, o mesmo, como vimos anteriormente) para falar sobre a questão da segurança. Esse especialista tem uma missão particular: mostrar aos cidadãos como se protegerem, individual e isoladamente, da violência constante nos grandes centros urbanos — nos exemplos que observamos aqui, especificamente a cidade de São Paulo. O equívoco dessa abordagem está em ignorar as críticas fundamentais sobre o papel do governo do Estado na condução de políticas assertivas para minimizar os casos de violência. A abordagem ignora também que a questão da violência das grandes cidades é uma temática complexa, que envolve diferentes áreas de atuação. Mas é preciso, antes de tudo, cobrar o Estado.

Em ensaio para o jornal Nexo do dia 24 de setembro de 2023,[11] a diretora-executiva do Instituto Sou da Paz, Carolina Ricardo, indica o caminho para que uma notícia ou reportagem que envolva a questão da segurança pública seja bem apresentada:

> A notícia deve ser palatável ao leitor, ouvinte ou telespectador, ao mesmo tempo em que precisa demonstrar a profundidade dos problemas relacionados à situação que aborda, contribuir com o debate público na busca de soluções e contar histórias de forma delicada sobre quem lida com uma rotina atravessada diariamente pela violência. Em suma, uma reportagem de qualidade

[11] Ricardo, C. Cuidados necessários às reportagens sobre segurança pública. **Nexo Jornal**, 24 set. 2023. Disponível em: https://www.nexojornal.com.br/ensaio/2023/09/24/cuidados-necessarios-as-reportagens-sobre-seguranca-publica. Acesso em: 2 jun. 2025.

na área de segurança pública deve conter a denúncia, sensibilizar o público sem apelar, demonstrar o cenário, comprometer responsáveis e indicar saídas. Ao apontar a importância de uma notícia "contribuir com o debate público na busca de soluções", certamente não se está falando de soluções individuais que, na verdade, não têm impacto efetivo sobre a redução da violência. O que essas "dicas" fazem é sugerir o cerceamento da ocupação do espaço público pelas pessoas em função do medo e da chamada "prevenção" de ocorrências.

A falta de compromisso em apontar, de maneira robusta, os responsáveis pelos inúmeros casos de violência nas cidades é um problema que nos leva a pensar naquilo que a jornalista Cecília Olliveira nos diz em sua participação no podcast CriaCast, comandado por Raull Santiago: "Segurança pública é tratada com desprezo e negacionismo".[12] Ainda que o foco da jornalista nessa fala esteja em apontar a maneira como os próprios governos veem a questão da segurança pública, aqui podemos expandi-la para discutir a maneira como os jornais, ao trazerem frequentemente esse tipo de reportagem, focada no indivíduo, também contribuem para o negacionismo sobre o tema.

Considerando que a questão da segurança pública não se resolve a partir de ações individuais, por que os jornais insistem em trazer esse tipo de material — algumas vezes com destaque — para suas editorias? Qual o sentido de propor que os cidadãos deixem de trafegar por ruas ao categorizá-las como "mais violentas", sugerindo que deixem de

[12] Cecilia Olliveira no CriaCast: 'Segurança pública é tratada com desprezo e negacionismo'. **Carta Capital**, 31 out. 2023. Disponível em: https://www.cartacapital.com.br/entrevistas/cecilia-olliveira-no-criacast-seguranca-publica-e-tratada-com-desprezo-e-negacionismo/. Acesso em: 2 jun. 2025.

ocupar espaços da cidade? Em que momento a discussão, em reportagens como essa, aponta para o real problema: a complexidade da questão da segurança pública e a necessidade de medidas de longo prazo tomadas pelos governos municipal e estadual — com o suporte do governo federal — para serem levadas a cabo? Em que momento a prefeitura de São Paulo, através de sua Secretaria de Segurança Pública, é cobrada nessas reportagens pela sua responsabilidade no agravamento da violência? A resposta é: em nenhum momento. Sempre que se traz a Secretaria de Segurança Pública nesses textos é para apresentar falas ou números da Secretaria; todo olhar crítico sobre os números, sobre a escalada ou manutenção da violência é deixado de lado. Os cidadãos, individualmente, são convidados a "tomar medidas", muitas delas custosas, inacessíveis para boa parte da população.

Os diferentes portais de notícias deveriam ter atenção continuada àquilo que realmente pode promover melhorias — o que fazem em circunstâncias específicas, como no caso da economia: apontar sempre os responsáveis, dar destaque e cobrar diante daquilo que não é feito, ou que é mal feito. Propor reportagens que dão destaque ao papel do indivíduo, trazendo alternativas ora inviáveis, ora pouco efetivas na prevenção de crimes, é propor a alienação para as discussões aprofundadas para a questão. A solução para a questão da violência pode não ser simples, mas certamente não está em sugerir a não circulação dos indivíduos pelas ruas. Tampouco que deixem de fazer uso de seus pertences pessoais. Claro, os portais de notícia não são responsáveis pela violência das cidades, mas são responsáveis pela forma como decidem enquadrar, em cada matéria, a questão. São também parte da construção de um discurso sobre as políticas de Estado, e como se pode reivindicá-las. Isso não deveria, jamais, ser esquecido. Mesmo na busca incessante por cliques.

2.
Quando a ordem dos fatores altera o produto

4 de outubro de 2024. Sexta-feira que antecede o domingo do primeiro turno das eleições municipais em todo o Brasil. É noite, e o então candidato da extrema direita à prefeitura da cidade de São Paulo, Pablo Marçal, publica em seu perfil oficial no Instagram um laudo que conteria informações "bombásticas" sobre um

dos seus adversários políticos, o candidato de esquerda Guilherme Boulos, do PSOL. Nas pesquisas de votos, Marçal, Boulos e o então prefeito da cidade, o direitista Ricardo Nunes, aparecem muito próximos uns aos outros. O "laudo" apresentado por Marçal pontuava que Guilherme Boulos teria sido admitido em uma instituição hospitalar e informava que um exame toxicológico externo teria dado positivo para substâncias ilícitas. O documento publicado no perfil do candidato de extrema direita traz a assinatura de um médico, o logo de uma empresa. Uma grande verdade a ser revelada poucos dias antes do pleito por um candidato que passou toda a campanha ridicularizando seus oponentes?

Muito rapidamente, na mesma noite, múltiplos usuários da rede BlueSky[13] se de-

[13] BlueSky é o nome da rede para a qual muitos usuários brasileiros migraram depois que o X foi tirado do ar em função de irregularidades cometidas pela plataforma no ano de 2024.

bruçaram sobre o material publicado e identificaram uma série de inconsistências: a assinatura do médico, a data que corresponderia à acusação, os desvios gramaticais. Em busca rápida, muitos encontraram postagens de Guilherme Boulos em eventos públicos na data em que o documento afirma que ele estaria internado. Encontraram também um vídeo da participação de Boulos em uma live no dia posterior ao que estava indicado no "laudo", o que parecia no mínimo contraditório diante do suposto estado de saúde em que se encontraria na ocasião, de acordo com a informação publicada no "documento". Eu mesma me vi buscando informações para tentar entender o que estava acontecendo.

A desconfiança se espalhou entre os usuários em função das características do documento e do histórico de atuação do candidato de extrema direita. Mas não foram apenas os usuários anônimos da rede BlueSky que se interessaram por esse episódio às vésperas das eleições. Também os jornais entenderam que deveriam trazer, o quanto antes, notícias sobre o ocorrido. "Pauta quente", claro: um candidato apresentando informações, digamos, "controversas" sobre seu oponente.

Então, você poderia se perguntar: de que maneira e em que momento foi noticiado esse episódio, grave e importante, às vésperas do pleito municipal? A postagem acontece já passadas as dezoito horas de sexta-feira. Como seria coberto o ocorrido pelas principais redações? O tal "valor-notícia" parece já estar posto: um candidato acusa outro de algo entendido pela sociedade — ou parte dela — como grave. Seria preciso noticiar, não daria pra deixar pra lá. Mas como? Quando? Depois de qual tipo de apuração?

Esse "como" e esse "quando" são duas perguntas importantes — especialmente o quando — porque uma das lógicas que operam na produção de notícias por um veículo é reportar *primeiro* que os demais, trazer o furo de reportagem. Porém, junto com a preocupação com o furo, deveria haver também atenção à maneira de abordar o episódio: de onde vem o laudo, quem o disponibilizou, há fontes para confirmar o ocorrido? Essas e outras tantas perguntas poderiam ser feitas, em especial num momento do mundo em que figuras da extrema direita buscam constantemente desestabilizar distintos pilares ditos democráticos a partir de caminhos obscuros, muitas vezes distantes da ética e da responsabilidade.

Tem início, então, a jornada de cobertura do caso. Os jornais entendem que precisam falar sobre o tema. Eis que a *Folha* publica, em seu perfil no Instagram, ainda na noite do dia 4 de outubro, a primeira notícia sobre o caso, trazida pela coluna da jornalista Mônica Bergamo, com o título:

> "Boulos diz que vai pedir prisão de Marçal depois de divulgação de suposto laudo sobre drogas"[14]

Observe bem o que se tornou o enquadre da notícia: Boulos ou Marçal? A oração tem início com qual sujeito?

Entendamos o que parece ter sido o ponto de partida da notícia. Quando Pablo Marçal publicou o laudo falso, sua ação demandou, inevitavelmente, uma reação do candidato acusado, Guilherme Boulos, que fez diferentes postagens em suas redes sociais afirmando ser falso o documento

[14] Boulos diz que vai pedir prisão de Marçal depois de divulgação de suposto laudo sobre drogas. **Folha de S.Paulo** [Instagram: @folhadesaopaulo], 4 out. 2024. Disponível em: https://www.instagram.com/folhadespaulo/p/DAuZ7KxN-8wn/o-candidato-a-prefeito-de-sp-guilherme--boulos-psol-afirmou-que-vai-pedir-a-prisã/. Acesso em: 2 jun. 2025.

apresentado e indicando que pediria a prisão do candidato de extrema direita, que estaria cometendo um crime dias antes do pleito. Diante da reação do candidato de esquerda, a escolha da colunista foi destacar a reação *dele* diante da falsa acusação que lhe foi imputada. O fato central, a divulgação de um suposto laudo, não foi a notícia, tampouco se buscou questionar o laudo ou problematizar a gravidade de se divulgar informações dessa natureza dias antes do pleito. Neste caso, tornou-se sujeito da história o candidato de esquerda, ao reagir diante do episódio de difamação. Assim, temos Boulos no centro, como sujeito, na construção "Boulos diz que" e Marçal aparecendo apenas mais adiante, como complemento do substantivo "prisão". Em seguida, temos "divulgação de laudo sobre drogas", em que o título não questiona, em nenhum momento, a veracidade do laudo apresentado (aquele em que os usuários do BlueSky encontraram inconsistências importantes em poucos minutos). A imagem escolhida para ilustrar a postagem na rede social é do candidato esquerdista Guilherme Boulos. Marçal — o acusador — não é sujeito da sentença, tampouco da imagem que ilustra a notícia.

Ao compartilhar a postagem em seu perfil no BlueSky, a *Folha* traz ainda um complemento ao título apresentado acima, a frase "Ele acusa ex-coach de mentir".[15] Veja que interessante: é a primeira notícia do jornal publicada em seu perfil em redes sociais sobre o caso. O fato em destaque foi a acusação de um candidato de extrema direita — envolvido com mentiras e espetacularização dos episódios — contra um candidato

---

[15] Boulos diz que vai pedir prisão de Marçal depois de divulgação de suposto laudo sobre drogas. **Folha de S.Paulo** [Bluesky: @folha.com], 4 out. 2024. Disponível em: https://bsky.app/profile/folha.com/post/3l5q5qdr4pg2o. Acesso em: 2 jun. 2025.

de esquerda a poucos dias de eleições com números bastante acirrados. Ao decidir reportar o caso, o título escolhido não destaca a *acusação* e faz uso do verbo "acusar" na direção oposta: não é Marçal que acusa Boulos de ter estado internado em uma clínica. É Boulos quem "acusa" Marçal de mentir. Uma mentira que foi amplamente discutida e apurada em poucos minutos por usuários das redes sociais, que não têm a estrutura — ou emprego — dos veículos de imprensa.

Podemos voltar então à pergunta: como se fala sobre o que se fala? Se o episódio foi entendido como uma notícia a ser reportada, de que maneira ela é apresentada aos leitores? Quem ganha destaque? Quem acusa quem e de quê? Como o laudo é apresentado pelo veículo? Por que as informações não foram minimamente apuradas antes da publicação da notícia? Essas perguntas não têm aqui o objetivo de fomentar uma dinâmica de teorias da conspiração contra veículos de imprensa, mas de refletir sobre os procedimentos que levam à publicação de uma notícia, às pressas, numa noite de sexta-feira, sem que se dedique alguns minutos fundamentais para se considerar o que está acontecendo e como se deveria (ou se poderia) falar sobre o episódio. E, claro, a partir disso pensar a maneira como as situações que estão sendo reportadas nos jornais impactam a nossa percepção sobre o ocorrido. Nesse caso, o jornalismo parece estar tão envolvido na "lógica da treta" e do que venho chamando de "jornalismo fofoquinha" para ganhar o furo e ter cliques que o caminho "natural" parece ser o de mostrar a "disputa", o confronto, sem uma checagem responsável antes da publicação. Esse tipo de episódio é apenas mais um exemplo que nos faz pensar no papel do jornalismo no ecossistema da desinformação, no Brasil e no mundo. Depois da publicação da colunista Mônica Bergamo, os principais jornais passaram a reverberar o "enfrentamento" entre os dois candidatos, Pablo Marçal e Guilherme Boulos.

Ao seguirmos os passos da *Folha de S.Paulo*, identificamos a publicação de nova postagem no Instagram, no dia 5 de outubro pela manhã, com o seguinte título:

> "Suposto prontuário de Boulos divulgado por Marçal tem erro e assinatura de médico que já morreu"[16]

Observem aqui que o laudo é chamado de "prontuário", mas, dessa vez, um adjetivo o acompanha: suposto. Escolhe-se como sujeito da sentença "suposto prontuário de Boulos divulgado por Marçal", ou seja, neste caso, ao contrário do título apresentado

---

[16] Suposto prontuário de Boulos divulgado por Marçal tem erro e assinatura de médico que já morreu. **Folha de S.Paulo** [Instagram: @folhadesaopaulo], 5 out. 2024. Disponível em: https://www.instagram.com/p/DAumfaPN3Zk. Acesso em: 2 jun. 2025.

anteriormente, Boulos não é trazido como sujeito da oração, mas o prontuário continua sendo atribuído a ele. Nesse momento, em que se apresenta a possível inverdade do laudo, tampouco se escolheu trazer Marçal como sujeito da sentença, dado que ele é o autor da postagem que trouxe o tal "prontuário" à tona.

O título já aponta as inconsistências — um erro e a assinatura de um profissional morto —, mas, ainda que o prontuário seja "suposto", ele segue sendo o documento "de Boulos", mesmo diante das constatações já trazidas pelo título. Ainda que o nome de Marçal apareça, ele segue não sendo o destaque na estrutura sintática da sentença, colocado como sujeito paciente em "divulgado por Marçal". Sujeito paciente, distante, muitas vezes excluído das manchetes. Além disso, um laudo divulgado é também diferente de um laudo "inventado", porque, no primeiro caso, pode-se considerar o laudo como verdadeiro, enquanto, no segundo, não.

Observem que a imagem escolhida para ilustrar a notícia é também de Boulos, o alvo da "denúncia" do candidato de extrema direita, ainda que, nesta segunda notícia, seja trazida a suspeita sobre a veracidade das informações veiculadas por Pablo Marçal. É Boulos quem está lá, ilustrando a matéria. Nada de Marçal, de novo.

Também no dia 5 de outubro, algumas horas depois da postagem anterior, a *Folha* trouxe em seu perfil no Instagram:

> "Laudo que Marçal postou para atacar Boulos é falso: veja série de evidências"[17]

---

[17] Laudo que Marçal postou para atacar Boulos é falso; veja série de evidências. **UOL Notícias** [Instagram: @uolnoticias], 5 out. 2024. Disponível em: https://www.instagram.com/uolnoticias/p/DAvt2RHIcwr/?img_index=1. Acesso em: 2 jun. 2025.

Essa notícia acabou se transformando em matéria de capa do UOL e o mesmo título foi manchete por algumas horas. O sujeito que compõe a frase é interessante: saímos de "suposto prontuário divulgado por Marçal" para "Laudo que Marçal postou para atacar Boulos". É, então, "laudo" o sujeito, e não Marçal.

É comum que os veículos sinalizem que, em seus manuais, preza-se pela simplicidade na escrita. No entanto, esse exemplo nos mostra que nem sempre esse é o caso, haja vista que seria possível dizer, entre diferentes possibilidades:

> "Marçal posta laudo falso para atacar Boulos – veja evidências"

Assim, teríamos uma oração simples, com sujeito (Marçal), verbo (posta) e objeto (laudo falso), seguida de uma oração que indica a razão pela qual o laudo falso foi postado. Nessa oração, teria destaque aquele que, de maneira irresponsável, opta por cometer um ato grave em período eleitoral, mentindo sobre um laudo falso. O agente estaria explícito e determinado. Não foi, contudo, a escolha do jornal.

Aqui, cabe um passeio pelos estudos da linguagem. Nos estudos textuais, é comum que se diga que o texto é um evento, ou seja, não um produto acabado com uma interpretação única daquilo que está ali. Nos exemplos que trouxemos aqui, até o momento, veja quão importante é compreender o que está acontecendo no "entorno" da produção dessas matérias e o conjunto (não acabado) de perguntas que podemos fazer para pensar os caminhos que levaram àquelas produções. Esses elementos são relevantes para que possamos ir construindo os sentidos do texto. Isso significa que todo material publicado poderá ter *qualquer* interpretação? De maneira nenhuma, mas as informações a que temos acesso para elaborar a interpretação são importantes, como, por exemplo, a estrutura sintática e as palavras trazidas para o centro, o que direciona nossa atenção para uma parte específica do problema apresentado. Marcuschi, um linguista bastante importante no campo dos estudos do texto, disse: "... o texto se dá como um ato de comunicação unificado num complexo universo de ações alternativas e colaborativas".[18]

Os elementos que discutimos até aqui nos dão uma amostra justamente dessas ações "alternativas" e "colaborativas" que compõem o nosso olhar — e interpretação — para um texto.

Ao observar o foco que se dá ao laudo e à pessoa a quem ele foi ligado — e não ao sujeito que o divulgou —, reconhecemos aquilo que foi entendido como tema do texto. O título de uma notícia, a princípio, deve

---

[18] Marcuschi, L. A. **Produção textual, análise de gêneros e compreensão**. São Paulo: Parábola, 2008.

sumarizar aquilo que será discutido no texto completo, a que se terá acesso caso se opte por clicar no link relacionado ao conteúdo. Tem sido comum, no entanto, a reclamação de leitores de que os títulos não correspondem ao que é trazido, posteriormente, no texto. Aqui não é nosso foco abordar essa questão, mas me parece importante lembrar que as dinâmicas do digital têm promovido alterações importantes na maneira de apresentar uma notícia, mesmo por veículos de imprensa mais tradicionais.

Na cobertura do episódio do falso laudo, os títulos escolhidos não se concentraram em trazer Pablo Marçal para o centro da conversa. É apenas no momento em que o laudo é reconhecido por peritos como falso que Pablo Marçal passa a ser colocado como sujeito da ação — em manchete em destaque no *O Globo*,[19] não na *Folha*.

---

[19] Marçal divulga laudo falso contra Boulos e é investigado. **O Globo**, Rio de Janeiro, 6 out. 2024.

É interessante observar que muito rapidamente Boulos se tornou sujeito de uma sentença sobre o caso e atua como tópico da interação logo na primeira notícia do episódio, enquanto Marçal demora a aparecer como sujeito. Aqui, estamos falando das estruturas linguísticas empregadas para apresentar o episódio e o quanto elas contribuem para a maneira como o tema será discutido — dentro e fora dos jornais.

E como se comportaram as capas impressas dos dois principais jornais de São Paulo sobre o ocorrido? Considero aqui a edição de domingo porque o episódio teve início no final da noite de sexta-feira, momento em que as edições de sábado estariam já fechadas ou em processo de fechamento. Se o tema fosse ganhar destaque no impresso, certamente seria no dia da votação, em que o tema "eleição" seria "naturalmente" o centro das conversas. A *Folha de S.Paulo* escolhe não trazer para a manchete o ocorrido, que passa a ser investigado como crime de Pablo Marçal. Em vez disso, temos:

> "São Paulo vai às urnas com disputa acirrada entre Boulos, Nunes e Marçal"[20]

A linha fina diz: "Datafolha aponta empate técnico entre os candidatos nos votos válidos; rejeição e cenários de 2º turno se mantêm". Na capa ainda, mas abaixo, temos um título que destaca o episódio de Marçal, da seguinte forma:

---

[20] São Paulo vai às urnas com disputa acirrada entre Boulos, Nunes e Marçal. **Folha de S.Paulo**, São Paulo, 6 out. 2024. Capa. Disponível em: https://www1.folha.uol.com.br/fsp/fac-simile/2024/10/06/index.shtml. Acesso em: 2 jun. 2025.

> "Marçal sofre derrotas na Justiça após publicar laudo falso contra Boulos"

O enquadre escolhido para o título não destaca a gravidade da publicação de um laudo falso às vésperas da eleição, mas as "derrotas" do candidato na Justiça depois da publicação. Marçal é aqui o sujeito da oração, como não foi em outros momentos em que se relatou o ocorrido, mas é o sujeito da oração "sofre derrotas". Se faço esta ponderação, é para que pensemos, sempre, que uma informação nos será dada de maneiras específicas e particulares, mas essas maneiras não são a única forma de apresentar uma informação. Aquilo que está ali disposto no jornal foi uma escolha: a construção de um texto a partir de um enquadre específico de um conjunto de informações, e não de outras.

Neste ponto, você pode fazer um exercício de escrita. Considere os desafios muitas vezes mencionados pelos veículos e jornalistas para a publicação de uma notícia: o tempo que se tem, o espaço para publicação (e o limite de caracteres) e, com isso, a brevidade que deve acompanhar um título, e, antes de tudo, a questão jurídica de que não se pode acusar alguém que não foi condenado, de que se deve ter atenção à maneira como se fala sobre os temas. A partir disso, tente refazer o título anterior, que relata "derrotas" do candidato. O texto que acompanhou o título trazido na capa foi:

> "Marçal teve perfis no Instagram suspensos pela Justiça após a publicação de prontuário forjado sobre drogas contra Boulos. Perícia da Polícia Civil confirmou que o documento é falso."

Quais caminhos possíveis você vê para a escrita do título "Marçal sofre derrotas na Justiça após publicar laudo falso contra Boulos"? O que você propôs de diferente e por que o fez? Acredita que os títulos que você pensou seriam publicados (e/ou publicáveis)?

O *Estadão* escolheu um caminho diferente para a sua capa de domingo. A manchete diz:

> "Eleição do vale-tudo acaba na polícia e com disputa aberta pelo 2º turno"[21]

Na linha fina, temos: "Campanha chega ao nível mais baixo com a publicação por Marçal de laudo médico falso contra Boulos".

---

[21] Eleição do vale-tudo acaba na polícia e com disputa aberta pelo 2º turno. **Estadão**, São Paulo, 6 out. 2024. Capa.

Nesse caso, ganha destaque o episódio do falso laudo, mas chama a atenção a escolha por "campanha chega ao nível mais baixo", sem que a palavra campanha venha especificada: a campanha de quem? De todos? De um candidato específico? Ou todos são considerados na mesma maçaroca de mentiras e violência? Além disso, mais uma vez, Pablo Marçal não é sujeito ativo: o que temos é "publicação por Marçal de laudo médico", porque o foco está em dizer que "campanha" chega ao nível mais baixo. O que se vê em seguida é a exemplificação do que seria esse nível, e então vem o complemento "publicação por Marçal de laudo médico falso contra Boulos". Outro ponto importante aqui é o uso do adjetivo "falso" para qualificar o laudo médico, a partir de comprovação de perícia da Polícia.

Será na edição impressa do jornal *O Globo* de domingo, dia 6 de outubro de 2024, que veremos Marçal como sujeito da ação de publicação de um laudo falso na prévia das eleições. A escolha é por trazer o tema como manchete do jornal de domingo, ainda que a publicação seja do Rio de Janeiro, não de São Paulo. O texto diz:

> "Marçal divulga laudo falso contra Boulos e é investigado"[22]

A linha fina aponta que a Justiça Eleitoral ordenou a retirada do ar de publicações com mentiras e que São Paulo chega ao dia do voto com tríplice empate nas pesquisas.

Esse é o único texto em que a palavra "mentiras" está em destaque, acompanhando uma manchete. Todas as outras matérias que acompanhamos aqui, como as publicadas pela *Folha*, nos destaques do Instagram ou na capa impressa de domingo, revelam

[22] Marçal divulga laudo falso contra Boulos e é investigado. **O Globo**, Rio de Janeiro, 6 out. 2024.

escolhas bem distintas. Observamos anteriormente que, mesmo quando Marçal é sujeito, ele é colocado como quem "sofre derrotas". Aqui, na capa do *O Globo*, ele é o sujeito da ação de divulgação de um laudo falso e, na linha fina, a decisão da Justiça Eleitoral não é entendida como "derrota" do candidato, mas como uma decisão para a retirada de "publicações com mentiras" do ar.

Ter acesso a uma gama ampla de textos que discorrem sobre o mesmo tema nos permite observar as escolhas feitas pelos diferentes jornais e, com isso, os tantos caminhos possíveis para se relatar um episódio. Bourdieu, mais uma vez em seu livro *Sobre a televisão*,[23] nos aponta para a homogeneidade que acaba por assolar a produção de notícias na medida em que os jornais seguem estruturas e padrões muito semelhantes entre si, o que os acaba aproximando ao trazer um texto para o ar.

---

[23] Bourdieu, P. **Sobre a televisão**. Tradução de: Maria Lucia Machado. Rio de Janeiro: Zahar, 1997.

Mas, nesse caso, vemos o quanto aquilo que parece sutileza comunica impressões bastante distintas sobre um mesmo episódio, sobre um mesmo evento. São escolhas que impactam não só a maneira como recebemos uma informação sobre um episódio ocorrido, mas também a maneira como são vistos candidatos da extrema direita, que costumam operar a partir da lógica da perturbação das dinâmicas de produção de conhecimento em regimes democráticos (ainda que possamos, sempre, nos perguntar de que democracia estamos falando).

É já sabido que candidatos de extrema direita não se importam em subverter completamente uma dada realidade em seu benefício, e Pablo Marçal o fez algumas vezes durante a campanha, sem qualquer escrúpulo ou problema em identificar, em seguida, o que estava fazendo. Foi o caso, por exemplo, do episódio da cadeirada. Vamos a ela. Mas antes, daremos um passo atrás para explicar como este candidato da extrema direita chegou ali.

Pablo Marçal se lançou candidato à prefeitura de São Paulo pelo Partido Renovador Trabalhista Brasileiro, o PRTB. Antes disso, havia tentado a vida política a partir de uma candidatura a deputado federal por São Paulo, para a qual foi eleito. No entanto, sua candidatura foi indeferida pelo Tribunal Superior Eleitoral (TSE), e ele não chegou a tomar posse.[24] Dado que o partido ao qual se afiliou para concorrer à prefeitura não tinha a representação mínima na Câmara requerida em lei para que devesse ser convocado para os debates televisivos, nenhum veículo jornalístico precisaria, obrigatoriamente, convidá-lo para os debates.

---

[24] TSE indefere candidatura de Pablo Marçal (Pros); vaga passa a ser ocupada por Paulo Teixeira (PT). **Agência Câmara de Notícias**, 30 out. 2022. Disponível em: https://www.camara.leg.br/noticias/916291-tse-indefere-candidatura-de-pablo-marcal-pros-vaga-passa-a-ser-ocupada-por-paulo-teixeira-pt/. Acesso em: 2 jun. 2025.

Mas, supostamente em função de as pesquisas de intenção de votos indicarem cerca de 21% (indicados pelo Datafolha de 22 de agosto de 2024)[25] para Pablo Marçal, seu nome foi incluído em todos os debates televisivos. Durante essas aparições públicas, o candidato escolheu uma postura de enfrentamento e incitação continuada da violência e do xingamento.[26] No debate ocorrido no dia 15 de setembro, o também candidato José Luiz Datena agrediu Marçal

---

[25] Datafolha: veja intenção de voto para prefeitura de SP por diferentes níveis de renda. **Folha de S.Paulo**, São Paulo, 22 ago. 2024. Disponível em: https://www1.folha.uol.com.br/poder/2024/08/datafolha-veja-intencao-de-voto-para-prefeitura-de-sp-por-diferentes-niveis-de-renda.shtml. Acesso em: 2 jun. 2025.

[26] Debate na Band: Pablo Marçal grita e ataca adversários após Tabata Amaral perguntar sobre condenação. **UOL** [YouTube: @uol], 8 ago. 2024. 2'29". Disponível em: https://youtu.be/9uZOTIPT5VM?si=cSDqNuh0u1rQ0aRQ. Acesso em: 2 jun. 2025.

com uma cadeirada.[27] Foi impedido por colegas de tentar arremessar uma outra cadeira em Marçal e, em seguida, expulso do debate. O que antecede a cadeirada são provocações continuadas entre os candidatos: Marçal trouxe à tona uma denúncia de assédio sexual contra Datena, que havia sido arquivada em 2019. Num dado momento, Marçal diz:

> "Você não respondeu à pergunta. A gente quer saber. Você é um arregão. Você atravessou o debate esses dias para me dar um tapa e falou que você

[27] Datena agride Pablo Marçal com cadeirada e TV Cultura interrompe debate; vídeo mostra agressão. **UOL** [YouTube: @uol], 15 set. 2024. 30". Disponível em: https://www.youtube.com/watch?v=nv3jXH-WEUWg. Acesso em: 2 jun. 2025.

queria ter feito. Você não é homem nem para fazer isso. Você não é homem."[28]

Sim. Impressionante. Este é o nível das conversas públicas de um debate à prefeitura da maior cidade do Brasil. Foi nesse contexto, que incluiu um pedido de desculpas de Marçal a Datena em situação semelhante dias antes da cadeirada,[29] que se deu o episódio de

[28] Datena arremessa cadeira em Marçal após provocação: "Você não é homem". **Metrópoles** [YouTube: Metrópoles TV], 15 set. 2024. 30". Disponível em: https://www.youtube.com/watch?v=uxePOSqHN4I. Acesso em: 2 jun. 2025.

[29] Junqueira, C.; Venceslau, P. Marçal pediu desculpa a Datena dois dias antes do debate: "coração partido". **CNN Brasil**, São Paulo, 16 set. de 2024. Disponível em: https://www.cnnbrasil.com.br/politica/marcal-pediu-desculpa-a-datena-dois-dias-antes-do-debate-coracao-partido/. Acesso em: 2 jun. 2025.

agressão. Não trago a informação para que se justifique uma coisa pela outra, mas para que os episódios não pairem no ar, sem nenhum contexto, como se tudo estivesse correndo muito bem até que: *pá*! Não se trata disso.

Foi assim que a cadeirada aconteceu e, uma vez mais, um episódio de violência e hostilidade ganhou destaque nas eleições municipais de São Paulo. Inúmeros vídeos foram compartilhados; o próprio Pablo Marçal compartilhou trechos de sua ida ao hospital em uma ambulância, sugerindo que estaria ferido depois do ocorrido. Posteriormente, afirmou não haver necessidade para a ambulância.[30]

---

[30] Marçal diz que não havia necessidade de ambulância no dia da cadeirada: 'Esse povo quis fazer cena' . **Portal G1**, 20 set. 2024. Disponível em: https://g1.globo.com/sp/sao-paulo/eleicoes/2024/noticia/2024/09/20/marcal-diz-que-nao-havia-necessidade-de-ambulancia-no-dia-da-cadeirada-esse-povo-quis-fazer-cena.ghtml. Acesso em: 2 jun. 2025.

E em meio a tanta hostilidade, tanta "polêmica" feita para gerar vídeos compartilhados inúmeras vezes nas redes sociais, uma das (muitas) perguntas que nos fica é: de que maneira os jornais vão lidar com as novas dinâmicas de manipulação de informação empreendidas por essas figuras públicas (inclusive políticas)? Muitos já se perguntaram se os jornais não "aprenderiam" com os anos de Jair Bolsonaro no poder. Pensemos, por exemplo, no caso do jornalismo declaratório,[31] em que as falas de um político são reverberadas sem qualquer contraponto à veracidade do que estão trazendo. Também se faz a mesma pergunta em outros países, como no caso dos Estados Unidos, e a maneira como se faz a cobertura de eventos de que Donald Trump, enquanto presidente, é o centro. Como

---

[31] Dá-se o nome de jornalismo declaratório aos casos em que as falas de figuras públicas são reportadas em aspas ou paráfrases sem que haja qualquer contraponto crítico ao que foi dito.

noticiar aquilo que diz um candidato, sabendo que ele não se importa em inventar, mentir, disseminar informações completamente distorcidas? De que maneira episódios como os que vimos acima seguirão sendo reportados? Em qual tempo, a partir do emprego de quais recursos linguísticos?

Parece-me vital que os veículos de mídia tradicionais compreendam que fazem parte da dinâmica de propagação de desinformação a partir do momento em que escolhem reportar os episódios da maneira como vêm fazendo. Há quem possa dizer que já o sabem, mas escolhem seguir no mesmo caminho. Eu prefiro acreditar, sim, que reconhecem haver inúmeros desafios no reportar jornalístico na era das redes sociais, mesmo que ainda não tenham buscado reformular o pensamento da produção de informação a partir da presença de figuras de extrema direita no debate público. Se não dos veículos tradicionais, daqueles que lutam para se manter atuantes, com menos recursos, mas com profissionais e mantenedores que reconhecem a importância da informação, em contraposição à desinformação. E que reconhecem, junto disso, a importância da linguagem na produção e interpretação de uma notícia.

3.
Onde andará o agressor?

No dia 11 de novembro de 2023, Ana Hickmann, apresentadora de televisão brasileira, dirigiu-se a uma delegacia em Itu e fez um boletim de ocorrência de violência doméstica contra o então marido, Alexandre Correa. Assim que o episódio ganhou as redes e os jornais, eu tive interesse de acompanhar quais percursos os jornais tradicionais escolheriam para tratar de um caso de violência contra uma mulher famosa. Um caso de violência como esse, em que duas figuras públicas estão envolvidas — uma delas uma apresentadora muito conhecida —, costuma ganhar os holofotes, entendido como de "interesse público" por boa parte dos jornais. Ao passar a acompanhar a cobertura da imprensa, senti uma série de incômodos que compartilho com você aqui.

Antes, devemos nos lembrar: em tempos de produção jornalística bastante focada no digital, diferentes são os espaços — e formatos — em que uma notícia pode ser veiculada: no próprio site do jornal, em um (ou mais) de seus perfis em redes sociais; em vídeo *ou* texto; em vídeo *e* texto. A multimodalidade é uma das características centrais dos textos informativos na atualidade. Além disso, nem toda notícia veiculada em um portal ganhará espaço também nos perfis públicos dos veículos nas redes sociais.

No caso brevemente descrito no parágrafo anterior, meu interesse está em observar as notícias que os portais decidem levar para seus perfis em redes sociais e de que maneira os casos de violência contra a mulher são reportados nesses espaços a partir da organização e categorização das notícias em um jornal.

No dia 12 de novembro de 2023, os jornais passaram a reportar o episódio envolvendo Alexandre Correa e Ana Hickmann. A primeira notícia dada pela *Folha de S.Paulo* em seu site é colocada na seção "f5", descrita pelo próprio jornal como de "entretenimento e cultura pop na Folha". Nesse espaço, é possível encontrar inúmeras outras notícias sobre a apresentadora: sua casa, seu trabalho, sua vida pessoal. Para reportar o ocorrido no dia 11 de novembro, o jornal escolheu as seguintes palavras para o título:

> "Ana Hickmann comparece a delegacia após desentendimento com o marido, Alexandre Correa"[32]

Observe a escolha textual: temos Ana Hickmann como sujeito da oração e da ação do verbo que se segue, "comparece". Ela teria ido à delegacia após um "desentendimento" com o marido. A notícia não traz detalhes sobre o boletim de ocorrência e reproduz apenas um trecho da nota da assessoria de imprensa da apresentadora na descrição da postagem. Não é possível compreender, portanto, do que se trata o "desentendimento"

[32] Ana Hickmann comparece a delegacia após desentendimento com o marido, Alexandre Correa. **Folha de S.Paulo**, 12 nov. 2023. Disponível em: https://f5.folha.uol.com.br/celebridades/2023/11/ana-hickmann-comparece-a-delegacia-apos-desentendimento-com-o-marido-alexandre-correa.shtml. Acesso em 2 jun. 2025.

e se haveria uma palavra mais específica para descrever o que aconteceu. É a notícia seguinte, levada para o perfil do Instagram do mesmo jornal algumas horas depois, que nos traz mais informações:

> "Ana Hickmann acusa o marido, Alexandre Correa, de lesão corporal e violência doméstica"[33]

No texto que acompanha o título, lê-se:

> "A apresentadora Ana Hickmann, 42, registrou um boletim de ocorrência

[33] Ana Hickmann acusa o marido, Alexandre Correa, de lesão corporal e violência doméstica. **Folha de S.Paulo** [Instagram: @folhadesaopaulo], 12 nov. 2023. Disponível em: https://www.instagram.com/folhadespaulo/p/Czjek1ExTmp/. Acesso em: 2 jun. 2025.

> por lesão corporal e violência doméstica contra o marido, Alexandre Correa. O fato ocorreu no sábado (11) durante a ida dela à delegacia central de Itu (no interior de São Paulo), onde o casal mora, após a Polícia Militar ser acionada por causa de uma briga entre eles. Leia em @sitef5."

A imagem escolhida para acompanhar a notícia que revela o registro de boletim de ocorrência por lesão corporal e violência doméstica é uma foto do casal, abraçado, em que a apresentadora ri, olhando para seu lado esquerdo, enquanto o empresário olha para a câmera e mantém um sorriso. Um casal, unido, sorrindo para as câmeras.

Para além da imagem de felicidade escolhida para retratar um possível caso de agressão, é interessante observar de que maneira se escolheu trazer o episódio nessa segunda notícia da *Folha de S.Paulo*. Mais uma vez, a apresentadora é sujeito da oração. O verbo escolhido para trazer a questão é "acusa"; ela estaria "acusando" o marido. Você poderia, então, questionar: "Mas, Jana, isso de fato aconteceu, não?". Aqui, temos uma questão de como se decidiu *enquadrar* essa situação. A apresentadora de fato foi até a delegacia e fez um boletim. Mas, ao destacar a ação dela a partir do verbo "*acusar*", ganha atenção — e um valor semântico específico, o de "acusar" — o que *ela* está fazendo: atribuir ao então companheiro um possível crime. O foco está nela, possível vítima de agressão, não nele, possível agressor. Ainda que o nome dele esteja presente na manchete, é a ação dela, de "acusar" (e não de "registrar boletim de ocorrência"), que está sendo reportada e ganha destaque. No texto que acompanha a imagem, o primeiro parágrafo informa que a apresentadora "registrou um boletim de ocorrência".

Poderíamos, então, nos perguntar: por que essa escolha de palavras não foi, por exemplo, mantida também no título da matéria? Por que se escolheu dizer que ela está "acusando" o marido, em vez de simplesmente descrever o ocorrido como feito posteriormente, declarando que ela registrou o boletim? Essa pode parecer uma pergunta boba, mas há aqui uma nuance de sentido importante.

Os jornais têm um papel significativo em disseminar e sedimentar entendimentos sobre o mundo, sobre a sociedade em que vivemos. Diante dos corriqueiros discursos que descredibilizam as mulheres que denunciam seus companheiros por agressão, a escolha do verbo e da estrutura sintática que caracterizará a ação é relevante. O verbo "acusar" carrega consigo uma carga negativa que, associada justamente aos discursos correntes de descredibilização, podem contribuir para um olhar duvidoso sobre a possível vítima da violência, enquanto "registrar um boletim" tem um caráter mais "neutro", de descrição de uma ação, sem julgamento da ação perpetrada.

Além disso, a notícia é enquadrada na seção "f5" do jornal, possivelmente por envolver uma "celebridade". Esse enquadramento pode banalizar o problema, ao transformar em fofoca ou "curiosidade sobre uma celebridade" um possível caso de violência contra a mulher. Ainda, é curioso pensar que, diante de um boletim de ocorrência por violência doméstica, a imagem escolhida para retratar o episódio seja justamente uma foto do casal, feliz, sorrindo. Perceba, com isso, o quanto todas essas "pequenas" escolhas podem contribuir para banalizar a cobertura do caso e, com isso, a gravidade do ocorrido.

Vejamos agora como o *Estadão* decidiu anunciar a situação no título da primeira notícia sobre o caso:

> "Ana Hickmann registra B.O. após briga com marido; Alexandre Correa nega suposta agressão"[34]

Aqui temos já um caminho diferente: não se usa o termo "acusar", mas sim "registrar B.O.". Não se fala em desentendimento, mas em "briga com marido". No entanto, da maneira como a sentença está estruturada, essa escolha pode trazer a ideia de

[34] Ana Hickmann registra B.O. após briga com marido; Alexandre Correa nega suposta agressão. **Estadão**, 12 nov. 2023. Disponível em: https://www.estadao.com.br/emais/gente/ana-hickmann-confirma-ida-a-policia-apos-desentendimento-com-o-marido-nprec/. Acesso em: 2 jun. 2025.

que *a apresentadora* brigou com o marido. Se fosse dito, por exemplo, "após briga do casal", ela não seria necessariamente vista como a "agente" da briga que, na ocasião da notícia, não era conhecida do público. Ana Hickmann é sujeito da primeira oração, de "registrar" o boletim de ocorrência, colocada na voz ativa, enquanto Alexandre Correa é o sujeito da segunda oração, também na voz ativa, de "negar" o que o jornal optou por chamar de "suposta agressão". A escolha pelo "suposta" é bastante comum em jornais e costuma estar associada à ideia de que não se pode afirmar que houve agressão até que o caso seja julgado. Não seria, supostamente, o papel do jornal definir, de prévia, que houve a agressão efetivamente.

A imagem escolhida para a postagem no perfil oficial do *Estadão* no Instagram traz o casal sorrindo, ambos olhando para a câmera, abraçados. O texto que acompanha reproduz um trecho do comunicado da assessoria de imprensa da apresentadora e afirma, em seguida, que "Alexandre nega a agressão". Também afirma que o jornal procurou as assessorias de imprensa, que informaram que não trariam mais informações naquele momento.

Além do *Estadão*, ao longo dos dias, diferentes jornais e portais foram trazendo mais detalhes sobre o ocorrido, conforme as informações foram sendo acessadas. Em meio a esse ecossistema, chama a atenção a editoria escolhida pela Splash, da UOL, para tratar do episódio.

A UOL Splash se define como "notícias de famosos, reality, novelas e mais". No dia 12 de novembro, o canal, através de seu perfil no Instagram, deu a notícia sobre a agressão. Na imagem veiculada, temos Ana Hickmann na frente do marido, posando com o que parece ser um maiô branco. Alexandre Correa está atrás dela, sem camisa. Ambos olham para a câmera; Ana Hickmann faz uma pose sensual. Ao fundo, o mar. Sobre a imagem, no cabeçalho do título, escrito em preto e destacado em laranja, temos: "apresentadora registrou denúncia". Abaixo, também sobre a imagem, lê-se o título:

> "Ana Hickmann confirma briga com marido e ida à polícia, mas não cita agressão"[35]

À esquerda, acima, na imagem, está disposto o logo do canal "Splash UOL". Abaixo, na imagem, um friso laranja (da mesma cor utilizada em um dos textos) dá o acabamento à postagem. A notícia é uma "colaboração" — formato em que dois (ou mais) perfis compartilham a mesma informação — entre o

---

[35] Ana Hickmann confirma briga com marido e ida à polícia, mas não cita agressão. **UOL** [Instagram: @splash_uol], 12 nov. 2023. Disponível em: https://www.instagram.com/splash_uol/p/CzjHJ3hge4z/. Acesso em: 2 jun. 2025.

perfil @splashuol e @uoloficial. Essa é uma prática comum entre perfis relacionados ao mesmo veículo.

Nesse exemplo, a escolha se dá por mostrar que uma das pessoas envolvidas no "burburinho" (como o texto que acompanha a imagem descreve) confirmou o que aconteceu. A imagem revela percurso semelhante aos exemplos anteriores, aqui com um elemento adicional, o toque "sensual" na pose da apresentadora. Além disso, um aspecto importante, que tem relação com a identidade visual desse canal específico, destinado, como vimos, a notícias de famosos, *realities*, novelas: há destaque para parte do texto em tons coloridos, que trazem um caráter mais "descontraído" e informal à informação veiculada. Aqui, a cor é laranja, mas veremos que são distintas as escolhas feitas ao longo do tempo.

No dia 13 de novembro de 2023, os perfis @uoloficial e @splashuol compartilharam outras três notícias sobre o caso:

1)

> "O que se sabe da denúncia de Ana Hickmann contra o marido, Alexandre Correa?"[36]

Nessa postagem, a imagem ilustrativa é do casal, lado a lado, vestindo preto, posando de frente para a câmera e sorrindo. O título está escrito em branco e, acima dele, "caso de polícia" está escrito em um fundo vermelho, as letras em tamanho menor que as do título. A matéria pretende trazer as informações que se tinham até aquele momento sobre o caso.

---

[36] O que se sabe da denúncia de Ana Hickmann contra o marido, Alexandre Correa? **UOL** [Instagram: @splash_uol], 13 nov. 2023. Disponível em: https://www.instagram.com/splash_uol/p/CzlgM-FAlgrM/?img_index=1. Acesso em: 2 jun. 2025.

2)

> "Ana Hickmann agradece carinho e apoio após sofrer agressão do marido"[37]

Nessa postagem, temos um vídeo da apresentadora em seu programa, agradecendo pelo carinho e apoio dos fãs. O título está na parte de cima do vídeo, em preto. Acima dele, os dizeres em preto, com fundo branco: "quebrou o silêncio no 'Hoje em dia'". O vídeo está legendado.

[37] Ana Hickmann agradece carinho e apoio após sofrer agressão do marido. **UOL** [Instagram: @splash_uol], 13 nov. 2023. Disponível em: https://www.instagram.com/reel/Czl6PoZAhTu/. Acesso em: 2 jun. 2025.

3)

> "Alexandre Correa confessa que agrediu Ana Hickmann e mentiu ao negar briga"[38]

A última notícia sobre o episódio veiculada no dia 13 de novembro é ilustrada por uma imagem do casal, de frente, posando para a câmera sem sorrir. Eles estão lado a lado, abraçados. Na parte de baixo da imagem, o título escrito em branco. Acima dele, em letras brancas com fundo vermelho, temos: "entrevista exclusiva".

No perfil do Instagram da Splash, essas notícias vêm acompanhadas de informações

[38] Alexandre Correa confessa que agrediu Ana Hickmann e mentiu ao negar briga. **UOL** [Instagram: @splash_uol], 13 nov. 2023. Disponível em: https://www.instagram.com/splash_uol/p/Czl8xzMgiWR/?img_index=1. Acesso em: 2 jun. 2025.

sobre a participação da dupla sertaneja Maiara e Maraisa no CarnaUOL ou ainda sobre os relatos de arrastão durante o show da banda RBD em São Paulo. Os conteúdos têm em comum o uso de cores vibrantes como parte do projeto gráfico do espaço.

E segue assim no dia 15 de novembro, quando novas informações sobre o caso são veiculadas. Foram três as ocorrências:

1)

> "'Fiquei em pânico': ouça áudio da entrevista com Alexandre Correa"[39]

[39] "Fiquei em pânico": ouça áudio da entrevista com Alexandre Correa. **UOL** [Instagram: @splash_uol], 13 nov. 2023. Disponível em: https://www.instagram.com/splash_uol/reel/Czq0lpqANOr/. Acesso em: 2 jun. 2025.

2)

> "'Menti e omiti no desespero': ouça áudio da entrevista com Alexandre Correa"[40]

3)

> "Ana Hickmann agradece apoio e dá recado em vídeo: 'vou lutar pela minha vida'"[41]

[40] "'Menti e omiti no desespero': ouça áudio da entrevista com Alexandre Correa". **UOL** [Instagram: @splash_uol], 13 nov. 2023. Disponível em: https://www.instagram.com/splash_uol/reel/Czq867LgFjT/. Acesso em: 2 jun. 2025.

[41] Ana Hickmann agradece apoio e dá recado em vídeo: 'vou lutar pela minha vida'. **UOL** [Instagram: @splash_uol], 15 nov. 2023. Disponível em: https://www.instagram.com/splash_uol/reel/CzrLlmKrY5e/. Acesso em: 2 jun. 2025.

Não nos esqueçamos: é o perfil do portal destinado a falar sobre fofocas e celebridades que está trazendo essas notícias. E aqui, essa característica de "fofoca" vai ficando mais evidente no caso da "entrevista exclusiva" feita com Alexandre Correa, que gerou uma série de postagens no Instagram do Splash. Todos eles seguindo a mesma estrutura: conteúdo marcado por artes coloridas, com ar "descontraído", trazendo informações de um agressor que declarou ter mentido ao negar a agressão. Nos títulos que chamam para a entrevista, o foco está em apontar as emoções do agressor: "fiquei em pânico", "menti no desespero". No caso das notícias veiculadas com foco na apresentadora, as emoções da denunciante não foram mencionadas nenhuma vez pelo portal — o que pode nos dizer bastante sobre a espetacularização dos casos de violência contra a mulher e a "super-humanização" da figura do homem que violenta.

Esse me parece um caso notório por se tratar de alguém bastante conhecido do público e, por isso, gerar interesse. Os desdobramentos de como o caso foi sendo noticiado e o que foi sendo trazido pelos veículos de imprensa para o Instagram mostram o tamanho do desafio no cuidado com a maneira como se fala sobre a violência contra a mulher em geral, não só no caso de mulheres conhecidas do público. Aqui, é fundamental pensar, por exemplo, como as relações de raça e classe "interferem" na maneira como os casos de violência são reportados pelos diferentes veículos.

A visibilidade de um caso como esse poderia justamente imbuir os profissionais dos jornais de ainda maior responsabilidade no trato com o tema, que poderia auxiliar no caminho para noticiar outros casos, de mulheres que não são conhecidas, mas seguem sendo violentadas cotidianamente no Brasil — especialmente as mulheres negras, no topo da estatística de violência contra a mulher. O tom de fofoca e de "furo", a escolha das imagens, os enquadramentos feitos para falar sobre o que aconteceu demonstram que o foco pode estar em outro lugar: em falar do tema de modo a "chamar" a audiência, sem levar em conta a gravidade do ocorrido e o possível impacto negativo da forma como o tema está sendo reverberado.

Quando o portal Splash decide ir em busca de uma entrevista exclusiva com Alexandre Correa, é possível pensar que se trata do caso de buscar, sempre, os dois lados da história, algo também bastante presente no jornalismo. É importante, no entanto, entender de que maneira essas vozes reverberam em uma sociedade onde a mulher raramente é levada a sério quando decide reportar um caso de violência. Um texto, é sempre importante lembrar, não acontece no vácuo: ele é lido a partir dos entendimentos que os leitores têm da sociedade em que vivem. Todo texto acontece a partir dessa óptica: nosso conhecimento de mundo, aquilo que vamos assimilando ao longo da vida, é parte da construção da interpretação de todo e qualquer texto. Compreender isso nos ajuda a pensar os melhores caminhos para reportar casos de violência, em que as mulheres são, como eu já disse, frequentemente descredibilizadas.

Mas no exterior... é diferente?

Ao propor a conversa a partir de exemplos de grandes jornais brasileiros, pode parecer que os relatos de feminicídio e violência contra a mulher são questionáveis apenas no Brasil. Mas não é a verdade. Um exemplo emblemático do ano de 2024 nos mostra que o problema na maneira como se fala sobre violência contra a mulher pelos veículos de mídia ultrapassa as fronteiras nacionais.

No dia 1º de setembro de 2024, Dickson Ndiema Marangach, então suposto namorado da atleta olímpica ugandesa Rebecca Cheptegei, a matou ateando fogo em seu corpo depois de invadir sua casa e jogar gasolina nela. Este não é um caso isolado, como bem nos mostra uma reportagem do jornal *The New York Times*,[42] na seção "The Athletic", que apresenta o caso dela e de mais três corredoras que viviam na mesma cidade, Iten, no Quênia, e que foram brutalmente assassinadas por seus companheiros em casos que seguem tramitando na justiça.

Como esse episódio de violência foi noticiado pelos veículos internacionais? O *The New York Times* deu destaque ao episódio em seu

[42] Whitehead, J. Four women runners brutally killed in Kenya: 'It's no longer safe for any athlete'. **The New York Times,** 16 nov. 2024. Disponível em: https://www.nytimes.com/athletic/5915075/2024/11/16/olympics-athletes-kenya-cheptegei/. Acesso em: 2 jun. 2025.

perfil no Instagram. Tratava-se de uma atleta mundialmente conhecida. Com uma foto que mostra Rebecca Cheptegei em uma competição, correndo, o título, sobreposto à imagem, revela:

> "Rebecca Cheptegei, Olympic Runner From Uganda, Dies After Being Set On Fire"[43]

Uma tradução possível seria: "Rebecca Cheptegei, corredora olímpica de Uganda, morre depois de ser incendiada". A imagem de destaque traz a corredora durante uma de suas corridas. Ela, a vítima da violência e atleta conhecida do esporte. A estrutura da

[43] Rebecca Cheptegei, Olympic Runner From Uganda, Dies After Being Set On Fire. **The New York Times** [Instagram: @nytimes], 5 set. 2024. Disponível em: https://www.instagram.com/p/C_ifK_9OdoM/. Acesso em: 2 jun. 2025.

sentença também privilegia trazer Rebecca para o centro: ela é sujeito da ação do verbo escolhido para representar o ocorrido, "morrer", acompanhado do complemento que descreve a razão de sua morte: "ter sido incendiada". No entanto, o real agente que levou à sua morte não teve destaque: o companheiro, Dickson Ndiema Marangach, que também se queimou e morreu dias depois de assassinar a atleta. Seu nome não está no título, não é possível saber que foi um homem quem colocou fogo nela. Ao ler a manchete, você não tem como supor ou compreender quem matou Rebecca. Na legenda que costuma acompanhar a imagem nas postagens do Instagram, apenas na sétima linha, já no segundo parágrafo da postagem, o nome do agressor aparece. De acordo com o jornal, a polícia queniana teria afirmado que foi o homem com quem ela estava em uma relação que colocou fogo nela. Nos dois parágrafos seguintes, um aspecto importante: a repercussão em organizações de direitos das mulheres ganha destaque, incluindo a fala de Njeri wa Migwi, diretora executiva de uma organização sem fins lucrativos queniana que trabalha com violência contra a mulher.

O destaque para a fala da diretora-executiva é certamente resultado da reivindicação sistemática e continuada de movimentos feministas da importância de se trazer especialistas em violência contra a mulher para discutir os casos de feminicídio, para que se entenda que não são casos isolados, mas sim uma questão sistêmica. No entanto, o título da matéria segue deixando de fora o agressor, responsável pela morte da mulher.

Ainda sobre o mesmo caso, também a *BBC* escolheu um caminho semelhante ao trazer o seguinte título para a notícia que relata o episódio:

> "Olympic athlete Rebecca Cheptegei dies after petrol attack, official says"[44]

Uma tradução possível seria: "Atleta olímpica Rebecca Cheptegei morre depois de ataque a gasolina, diz polícia". Observe que a escolha entre os jornais é semelhante em muitos sentidos: a postagem no Instagram oficial da *BBC News* também traz uma imagem da atleta correndo; na parte inferior da imagem temos o título. A estrutura sintática da oração segue a mesma lógica do *New York Times*: Rebecca é o sujeito da ação do verbo "morrer", em seguida surge o "depois" que trará o acontecido que levou à morte, aqui

[44] Olympic athlete Rebecca Cheptegei dies after petrol attack, official says. **BBC News** [Instagram: @bbcnews], 5 set. 2024. Disponível em: https://www.instagram.com/p/C_hvYu0sBXA/. Acesso em: 2 jun. 2025.

"ataque a gasolina". Também nesse título o responsável pela morte da atleta não aparece: nem seu nome nem qualquer outra palavra que o caracterize: "namorado" ou algo do gênero. Não se sabe, daí, que a morte foi causada por um homem, que se escondeu e a esperou na casa dela para matá-la. Além disso, é importante frisar: não se trata de um homem qualquer. Trata-se do homem com quem ela já tinha tido uma relação afetiva.

O portal de notícias *Deutsche Welle* também fez escolha semelhante ao reportar o caso em seu site:

> "Ugandan Olympian Cheptegei dies after being set on fire"[45]

[45] Ugandan Olympian Cheptegei dies after being set on fire. **Deutsche Welle**, 5 set. 2024. Disponível em: https://www.dw.com/en/ugandan-olympic-athlete-cheptegei-dies-after-being-set-on-fire/a-70138187. Acesso em: 2 jun. 2025.

Em tradução livre, "A atleta olímpica ugandesa Cheptegei morre depois de ser incendiada". Sem o agente, a atleta em destaque, como sujeito da ação de morrer. Uma morte que está muito distante de ser morrida, e que foi, na verdade, matada, para fazer aqui um paralelo com o livro *Histórias de morte matada contadas feito morte morrida*, das jornalistas feministas Niara de Oliveira e Vanessa Rodrigues,[46] leitura fundamental a todo jornalista que pretenda cobrir casos de violência contra a mulher. Curiosamente, no entanto, em seu Instagram, o *Deutsche Welle* escolhe dizer:

---

[46] Oliveira, N.; Rodrigues, V. **Histórias de morte matada contadas feito morte morrida**. São Paulo: Editora Drops, 2022.

> "Olympian Cheptegei dies after boyfriend set her on fire"[47]

Uma tradução possível para a sentença seria "A atleta olímpica Cheptegei morre após namorado colocar fogo nela". Ainda que não tenhamos aqui a estrutura direta "namorado mata atleta", por exemplo, escolheu-se ao menos trazer a informação de que o namorado foi o responsável pelo assassinato da vítima.

Vimos aqui três grandes jornais internacionais fazerem três escolhas semelhantes. Você, que me lê agora, poderia dizer: "Mas, Jana, é porque é a atleta que é conhecida, não quem a matou. Com isso, o foco fica nela".

---

[47] Olympian Cheptegei dies after boyfriend set her on fire. **Deutsche Welle** [Instagram: @dwnews], 5 set. 2024. Disponível em: https://www.instagram.com/dwnews/p/C_hOYCFs5zy/. Acesso em: 2 jun. 2025.

De fato. Essa poderia ser, inclusive, a justificativa dos veículos para o destaque dado à mulher que foi assassinada, e não ao agente de sua morte. No entanto, parece-me fundamental pensar a prática jornalística em casos de violências contra minorias: será que esta é a única maneira de deixar claro para as pessoas que foi uma atleta conhecida que foi assassinada? Será mesmo que não há outras formas de registrar o ocorrido, deixando claro que sua morte deriva da violência cometida por um homem que fazia parte do seu círculo?

Você pode ainda perguntar por que "bater tanto nessa tecla", ao que posso responder: um grande número de mulheres, no Brasil e no mundo, morre em decorrência da violência perpetrada pelos seus companheiros ou ex-companheiros. Seus assassinatos são fruto da violência de gênero, da misoginia, do ódio às mulheres. Manchetes que ignoram o fato de que é um homem, muitas vezes conhecido da vítima, quem mata a mulher, estão colocando debaixo do tapete um fato incontestável: a violência que acontece dentro da casa dessas mulheres, por pessoas que, supostamente, deveriam amá-las, não matá-las.

Não nos esqueçamos: há diferentes formas de se passar informações. Velhos hábitos podem ser abandonados, considerando, inclusive, as estatísticas que mostram a realidade, nua e crua, de parceiros que matam suas companheiras. Isso deveria ser parte do compromisso jornalístico. E deve ser parte do nosso compromisso como leitores ter atenção (e chamar a atenção) para casos como esses, que podemos encontrar todos os dias nos jornais, em notícias sobre mulheres conhecidas e desconhecidas do público.

Casos isolados?

Até aqui, escolhi discutir uma parte da cobertura de dois casos de violência contra a mulher ocorridos com pessoas bastante conhecidas do público e da imprensa. No primeiro caso, os dois envolvidos são *habitués* da mídia brasileira, Ana Hickmann e Alexandre Correa, frequentemente tema de matérias no campo do entretenimento: suas vidas em evidência, casas, viagens, o relacionamento. Tudo passando pelo escrutínio público. A violência parece entrar apenas como mais um "item" da lista de tópicos retratados dentro do mesmo enquadramento. Quando o caso passa a ser notícia, é ela quem ganha os holofotes em muitos momentos — por ter feito o boletim, por ter "acusado" o então marido. No caso de Cheptegei, temos uma atleta mundialmente conhecida. Nos diferentes recortes do seu assassinato trazidos pelos jornais internacionais, não se escolhe colocá-la no campo do entretenimento, mas ainda assim é ela quem está no centro da conversa, mesmo sendo a vítima da violência, não a perpetradora. Morta depois de ser incendiada. Aquele que a matou sequer aparece nos títulos de várias das notícias. E, embora seja possível depreender que alguém ateou fogo sobre seu corpo, os títulos escolhem não trazer a informação de quem o fez.

Mas por serem elas duas figuras públicas, você pode insistir: são casos específicos. Num mundo voltado à publicação de notícias sobre figuras entendidas como "celebridades", o destaque será dado àquela que é a mais conhecida, a mais "importante". É justificável. Mas será mesmo? O exemplo abaixo nos mostrará que mesmo nos casos em que assassino e vítima são pessoas desconhecidas, a lógica da voz passiva segue bastante presente. A mulher, vítima da violência, está no centro. Não se trata do destaque para aquela que é a figura mais conhecida do episódio de violência, uma celebridade ou qualquer figura pública, mas de uma escolha sistemática por uma estrutura que privilegia destacar a vítima enquanto esconde o perpetrador da violência.

Em março de 2023, a plataforma UOL compartilhou uma notícia sobre o assassinato de uma mulher no Rio Grande do Sul. A notícia traz a fala de uma das delegadas envolvidas no processo, que afirma:

> "Ele já havia verbalizado que ia matá-la, que não aguentava mais, que não estava satisfeito com o comportamento dela. Enfim, é uma situação clássica de feminicídio, em que um homem agressivo acaba discordando de algum tipo de comportamento da mulher e a mata..."[48]

---

[48] Jovem vai do Pará ao RS para conhecer namorado da internet e é morta. **UOL**, São Paulo, 28 mar. 2023. Disponível em: https://noticias.uol.com.br/cotidiano/ultimas-noticias/2023/03/28/feminicidio-jovem-para-rio-grande-do-sul.htm. Acesso em: 2 jun. 2025.

Na primeira linha do texto que reporta o caso, encontramos:

> "Uma mulher de 21 anos foi assassinada pelo namorado após viajar do Pará para o Rio Grande do Sul para conhecê-lo pessoalmente, segundo a polícia"

Temos aí uma voz passiva, em que o objeto da ação de assassinar, "uma mulher de 21 anos", passa a ser o sujeito da ação. O agente da passiva, "pelo namorado", não foi omitido neste caso — como é em muitos exemplos de uso da voz passiva —, mas, em sendo o agente da passiva, não ganha o mesmo destaque do sujeito na sentença. "Uma mulher de 21 anos" é o sujeito. Mas está claro quem cometeu o crime: o namorado.

O título da notícia, no entanto, percorre um caminho de apagamento direto do sujeito que cometeu a violência, ao escolherem dizer que:

> "Jovem vai do Pará ao RS para conhecer namorado da internet e é morta"

Aqui, temos uma escolha capciosa. Primeiro, apresenta-se a ação de uma jovem, a saber, seu deslocamento do Pará ao Rio Grande do Sul para conhecer o namorado. Em seguida, em uma segunda sentença na mesma oração, vai se dizer que ela "é morta". O namorado está presente no texto que compõe o título, mas não como o sujeito da violência cometida; tampouco aparecerá como o agente da passiva da frase "é morta", ou seja, não há sua responsabilização, ainda que de forma indireta. Na estrutura, ele é apenas o objeto da ação de "conhecer", cujo sujeito é a "jovem", que fez a viagem até ele. Assim, ao ler o título sem ter qualquer informação sobre o caso, não fica claro o que aconteceu com ela. Sabe-se apenas que ela viajou; que tinha como objetivo conhecer o "namorado da internet" e, depois disso, o que sabemos é que foi morta. É possível elaborar uma série de hipóteses sobre o que aconteceu com a jovem; algumas delas nem sequer se aproximam do que realmente aconteceu com ela. Foi atingida por um carro na estrada e morreu? Sofreu algum tipo de agressão de um desconhecido? O namorado a matou? E por que essas hipóteses ficam em aberto? Porque em vez de, objetiva e diretamente, informar que "namorado mata namorada", escolheu-se retratar que ela fez uma viagem para conhecê-lo e, depois disso, foi morta.

Você poderia me perguntar: qual o problema com um título nesse formato? Em um mundo em que as mulheres são costumeiramente invalidadas e questionadas por suas escolhas e decisões, muito rapidamente poderia se dizer que a jovem foi "inconsequente" ao escolher viajar para conhecer o namorado virtual. Tanto poderia acontecer em meio a uma viagem tão longa. A falta de "bom senso" dela seria o problema, afinal. A esse tipo de raciocínio, comum em nossa sociedade, soma-se outro: um mundo em que os homens perpetuam violências contra mulheres e em que, muitas vezes, essas violências são banalizadas. Nesse caso, um combo perfeito. Ao dar destaque à viagem da jovem, ocorrida meses antes do seu assassinato, colocamos suas ações em questionamento, não as ações do assassino. Se, no entanto, na primeira linha do texto já temos a informação de que foi o namorado quem matou a mulher, por que não trazer esse dado em vez de sua viagem para conhecê-lo? Deslocar o foco de mais um assassinato cometido por mais um companheiro de mais uma mulher é desfazer o centro da questão: mais um feminicídio foi levado a cabo, mais um homem matou uma mulher.

E então, o que fazer?

Esses são apenas alguns exemplos de casos de grande apelo público que são reportados a partir da voz passiva, com destaque a quem foi vítima da violência. Também não sou a primeira a abordar o tema; são inúmeras as autoras e autores que vêm discutindo essa questão dentro e fora da linguística,[49] mas me parece imprescindível seguir apontando os inúmeros e infindáveis exemplos de como se fala sobre a violência contra a mulher na imprensa tradicional.

---

[49] Cameron, D. **Language, sexism and misogyny**. Londres: Routledge, 2024. Tomazi, M. M.; Cunha, G. X. Manchetes Jornalísticas Sobre Violência Contra Mulheres: Análise Da Multifuncionalidade Do Conector 'E'". **PERcursos Linguísticos**, v. 12, n. 31, pp. 310-32, 2022. Disponível em: https://doi.org/10.47456/pl.v12i31.38189. Acesso em: 2 jun. 2025. Tomazi, M. M. "A agentividade nas manchetes sobre violência de homens contra mulheres". **Discurso & Sociedad**, v. 14, n. 4, pp. 823-844, 2020. Disponível em: http://www.dissoc.org/ediciones/v14n04/DS14(4)Mattedi. Acesso em: 2 jun. 2025. Mola (2024). Oliveira & Rodrigues (2022).

O que se tem é um problema sistêmico, e que não está circunscrito apenas à realidade brasileira. A violência se revela também em discursos e crenças variadas, dentre as quais algumas ganham destaque quando nos deparamos com casos como os que vimos até aqui. Essas notícias não são a origem do problema da violência, evidente, mas contribuem para a maneira como se entende, em linhas gerais, o papel da mulher na sociedade e, também, na violência que sofre. A ideia de que ela pode ter mentido em seu depoimento, ou estava usando uma roupa curta demais, ou qualquer outro "indício" de que ela teria dado motivo para o perpetrador da violência aparece ali, nas linhas que descrevem o episódio. Mas não só ali: aparecerá também nos processos judiciais, nas perguntas que os advogados fazem, na maneira como os episódios são descritos pelas diferentes partes, na maneira como mulher e homem são retratados — com mais ou menos humanidade e sentimentos.

Assim, parafraseando um artigo da professora Deborah Cameron[50] sobre a maneira como os jornais reportam tais casos de violência, podemos dizer aqui que não basta que se troquem as palavras, ainda que a estrutura sintática e a escolha vocabular sejam também importantes. Para que essas trocas sejam produtivas, é preciso, antes, que sejam abandonadas as velhas narrativas sobre a violência contra a mulher que, em boa medida, culpabilizam as mulheres e seguem sendo reverberadas pela mídia.

Niara de Oliveira e Vanessa Rodrigues, no livro *Histórias de morte matada contadas feito morte morrida*,[51] são certeiras ao pontuar que, muitas vezes, os jornalistas pautam a escrita das notícias no relato de policiais

---

[50] Cameron, D. **Language, sexism and misogyny**. Londres: Routledge, 2024.

[51] Oliveira, N.; Rodrigues, V. **Histórias de morte matada contadas feito morte morrida**. São Paulo: Editora Drops, 2022.

e nos próprios boletins de ocorrência. Essa também é uma observação feita pela pesquisadora Deborah Cameron. Se a estrutura desses boletins privilegia uma lógica comum de busca por uma motivação para a agressão, o que, na escrita jornalística, acaba por parecer uma "justificativa" para o ocorrido, e que respalda o senso comum em relação às mulheres, então temos aqui uma questão central: como buscar a precisão e o cuidado no relato jornalístico, ao mesmo tempo em que se abandona a lógica de culpabilização das vítimas da violência perpetrada por homens?

Práticas jornalísticas acabam por disseminar e fundamentar um olhar (ou olhares?) sobre os acontecimentos do mundo. As violências sofridas por mulheres seguem sendo reportadas, pelos veículos de mídia tradicionais, com a mulher como foco e centro. Muitas vezes, como vimos aqui, os homens perpetradores das violências nem sequer são mencionados em títulos que destacam a violência sofrida pelas mulheres a partir da lógica machista que se perpetua em nossa sociedade. Ainda que esteja claro que a mudança nos títulos não levará ao fim das violências, o apagamento da figura central — promotora da violência — contribui inevitavelmente para que os casos não sejam vistos de maneira sistêmica, como deveriam ser compreendidos e combatidos.

Também está claro que, em casos como os de pessoas publicamente conhecidas, o foco pode estar nelas — como nos dois primeiros exemplos analisados neste capítulo, mas, novamente, essa prática jornalística não deve apagar o elemento central: a violência contra a mulher e as frágeis relações de gênero em nossa sociedade. Esse deveria ser o interesse público dos jornalistas: apontar o quanto nossa sociedade segue sendo extremamente misógina. O quanto não há recursos suficientes ainda para lidar com essas situações no campo da educação, no campo da justiça, no campo do jornalismo.

Inúmeras das violências contra a mulher são cometidas por membros de suas famílias, por conhecidos, por parceiros de vida dessas mulheres.[52] Cada notícia sobre violência deve destacar este aspecto, além de lembrar também que as narrativas veiculadas não podem seguir perpetuando as dinâmicas de violência, revitimizando mulheres. Inúmeras são as discussões de grupos feministas sobre essa questão da revitimização, sobre a espetacularização. Mais ainda, inúmeras são as discussões dentro do campo do texto sobre o tema.

Um exemplo, já mencionado anteriormente, é justamente o livro das escritoras Vanessa Rodrigues e Niara de Oliveira, que não só elenca um sem-fim de casos de violência e como têm sido reportados pela mídia tradicional,

---

[52] FBSP. **Visível e invisível:** a vitimização de mulheres no Brasil. 4. ed. São Paulo: FBSP, 2023. Disponível em: https://forumseguranca.org.br/wp-content/uploads/2023/03/visiveleinvisivel-2023-relatorio.pdf. Acesso em: 2 jun. 2025.

mas também aponta caminhos para lidar com esses casos — reportados inúmeras vezes todos os dias. Tais sugestões reconhecem o compromisso do jornalismo em não condenar antes de que haja os devidos processos legais, mas também reconhecem que, dado que muitas reportagens e notícias são elaboradas a partir dos relatos de policiais e do processo policial, as estruturas discursivas empregadas podem sim ser outras. As autoras nos lembram que o jornalismo tem um compromisso ético, que demanda um olhar mais cuidadoso aos casos de feminicídio, fazendo uso regular daquilo que já é em si norma da profissão: uso de linguagem simples e direta, ampliação das fontes empregadas para noticiar, diversificação dos olhares sobre a violência, humanização das vítimas, ao contrário de revitimização, visibilidade aos casos para além da lógica dos cliques, que prioriza mulheres brancas, ricas e/ou famosas.

Não há aqui qualquer ingenuidade: sabemos, todas nós, mulheres feministas, que essas sugestões não farão que, de imediato, cessem os crimes de feminicídio, infelizmente. Mas sabemos da importância de transformar as narrativas em torno das questões de gênero. Nos veículos tradicionais, deixar claro que cada caso não é um caso isolado, mas a repetição de um padrão de violência contra a mulher. Em cada caso, transformar a narrativa, desfazer o lugar comum, desfazer os estereótipos. Como bem pontuado pela linguista Deborah Cameron em capítulo sobre manchetes e feminicídio em jornais ingleses, "o que as feministas querem (...) que eles abandonem as narrativas tradicionais e encontrem novas formas de reportar que não apenas reciclem os mesmos velhos mitos e estereótipos sexistas".[53]

---

[53] "[...] what feminists want is [...] for them to abandon the traditional narratives and find new ways of reporting which do not just recycle the same old sexist myths and stereotypes." (Cameron, D. **Language, sexism and misogyny**. Londres: Routledge, 2024, p. 165)

4.
Decretaram o fim do racismo e você não viu

Enquanto eu escrevia este livro, em março de 2025, um importante episódio aconteceu no mundo do futebol latino-americano. Luighi é um jogador de futebol do Palmeiras, da categoria sub-20. Durante o campeonato Conmebol sub-20 de 2025, em um jogo contra o Cerro Porteño, no Paraguai, o jogador sofreu ofensas racistas: um torcedor imitou um macaco, dirigindo-se a ele. Outros torcedores cuspiram nele, enquanto saía do campo.[54] Tudo registrado em vídeo. Durante a coletiva de imprensa, logo após o jogo, um jornalista opta por perguntar a Luighi sobre sua sensação com a vitória de seu time. Nada sobre os atos racistas. Ao que o jogador prontamente respondeu:

> "Não, não. É sério isso? Vocês não vão me perguntar sobre o ato de racismo que ocorreu hoje comigo? É sério?

---

[54] Martins, L. Jogador do Palmeiras é vítima de racismo em competição da Conmebol. **Agência Brasil**, São Paulo, 7 mar. 2025. Disponível em: https://agenciabrasil.ebc.com.br/direitos-humanos/noticia/2025-03/jogador-do-palmeiras-e-vitima-de-racismo-em-competicao-da-conmebol. Acesso em: 8 ago. 2025.

> Até quando vamos passar por isso? Me fala, até quando? O que fizeram comigo é crime, não vai perguntar sobre isso?"[55]

O atleta chorou. O jornalista que fez a pergunta apenas agradeceu pelo comentário. A resposta, claro, viralizou nas redes. Os jornais passaram a fazer ampla cobertura. O jovem jogador foi entrevistado, participou de programas de TV. O presidente da Conmebol, dias depois, fez um pronunciamento, condenando o racismo. Em seguida, usou, de maneira infeliz, a expressão "Tarzan sem Chita"

---

55 Caso Luighi: jogador palmeirense vítima de racismo fala ao Fantástico. **Fantástico**, 9 mar. 2025. Disponível em: https://g1.globo.com/fantastico/noticia/2025/03/09/exclusivo-fantastico-fala-com-o-jogador-palmeirense-vitima-de-racismo-no-paraguai.ghtml#. Acesso em: 8 ago. 2025.

ao questionar o que seria do campeonato Libertadores da América sem times brasileiros.[56] O episódio foi, mais uma vez, amplamente veiculado pela mídia no Brasil. O que aconteceu com Luighi (as agressões racistas e a reação jornalística) não é, claro, um episódio isolado; para nos mantermos apenas em exemplos futebolísticos, e de grande repercussão, vamos a um caso já antigo.

No dia 27 de abril de 2014, em uma partida entre o Barcelona e o Villareal, um torcedor jogou no campo, em direção ao então jogador do Barcelona Daniel Alves, uma banana. Foi grande a repercussão do ocorrido na imprensa nacional e internacional, com títulos de matérias como:

---

[56] Presidente da Conmebol diz que Libertadores sem brasileiros seria como 'o Tarzan sem a Chita'. **Jornal Nacional**, 18 mar. 2025. Disponível em: https://g1.globo.com/jornal-nacional/noticia/2025/03/18/presidente-da-conmebol-diz-que-libertadores-sem-brasileiros-seria-como-o-tarzan-sem-a-chita.ghtml. Acesso em: 8 ago. 2025.

Daniel Alves ironiza ato racista e come banana jogada por torcida; veja[57]

Daniel Alves come banana jogada por torcedor em jogo do Barcelona[58]

[57] Daniel Alves ironiza ato racista e come banana jogada por torcida; veja. **UOL**, São Paulo, 27 abr. 2014. Disponível em: https://www.uol.com.br/esporte/futebol/campeonatos/espanhol/ultimas-noticias/2014/04/27/dani-alves-come-banana-racista-forca-2-gols-contra-e-ajuda-barca-a-virar.htm. Acesso em: 2 jun. 2025.

[58] Daniel Alves come banana jogada por torcedor em jogo do Barcelona. **O Globo**, 27 abr. 2014. Disponível em: https://oglobo.globo.com/esportes/daniel-alves-come-banana-jogada-por-torcedor-em-jogo-do-barcelona-12314451. Acesso em: 2 jun. 2025.

Torcida joga banana para Daniel Alves, que come e cruza para gol do Barcelona[59]

Daniel Alves come banana lançada por torcedor[60]

[59] Torcida joga banana para Daniel Alves, que come e cruza para gol do Barcelona. **Estadão**, 27 abr. 2014. Disponível em: https://www.estadao.com.br/esportes/futebol/torcida-joga-banana-para-daniel-alves-que-come-e-cruza-para-gol-do-barcelona/. Acesso em: 2 jun. 2025.

[60] Daniel Alves come banana lançada por torcedor. **Exame**, 28 abr. 2014. Disponível em: https://exame.com/mundo/alvo-de-racismo-daniel-alves-come-banana-lancada-por-torcedor-2/. Acesso em: 2 jun. 2025.

> De maneira inusitada, Daniel Alves responde a ato racista[61]

Observe que, curiosamente, o ato racista não é assim nomeado de maneira unânime nos títulos das matérias sobre o caso. Há jornais que escolheram outros caminhos, ignorando o que significa jogar bananas para um jogador negro, num cenário em que manifestações racistas contra esses jogadores são frequentes. Em vez disso, escolheu-se dizer que "torcida joga banana" ou "Daniel Alves come banana", uma descrição direta da ação, sem explicitação do que ela representa. Um dos caminhos para se justificar essa escolha

[61] Machado, R. De maneira inusitada, Daniel Alves responde a ato racista. **Época**, 28 abr. 2014. Disponível em: https://epoca.globo.com/vida/copa-do-mundo-2014/noticia/2014/04/de-maneira-inusitada-daniel-alves-bresponde-ato-racistab.html. Acesso em: 2 jun. 2025.

é dizer que o trabalho do jornalista está em descrever o que aconteceu, sem fazer "julgamentos prévios".

No entanto, dois pontos não podem ser ignorados: o primeiro deles diz respeito às *circunstâncias ou casos* em que se escolhe apenas "descrever um ato", sem classificá-lo; o segundo deles diz respeito a quais episódios podem — e devem — ser descritos a partir de seu sentido simbólico, não apenas da descrição literal do ocorrido. Porque, nesse caso, o ato tem um valor simbólico importante, inerente a essa manifestação. Não parece haver possibilidade de duplo sentido: jogar a banana corresponde a chamar o jogador negro de macaco e, inevitavelmente, promover o racismo. A nomeação do ato como racista não torna o jornal menos "isento" ou menos "cuidadoso". Apontar o que o ato significa é, inclusive, importante para que os episódios sejam reconhecidos, elucidados e mitigados a partir de ações dos diferentes envolvidos, em especial os promotores do evento, os clubes, os patrocinadores, e também — por que não? — aqueles que os noticiam, os jornais.

A repercussão do ocorrido levou Neymar, junto de uma agência de publicidade, a encabeçar a campanha #somostodosmacacos, que rapidamente se tornou viral, gerando reações diversas. Dentre as muitas celebridades que participaram da ação, o apresentador de televisão Luciano Huck postou em seu perfil no Instagram uma foto ao lado da esposa, sérios, segurando uma banana, usando a hashtag. Além disso, Luciano também criou produtos com o mote da campanha e divulgou sua marca de então, a "use huck".[62] Houve, com isso, críticas importantes à maneira como pessoas brancas fizeram uso da

[62] Luciano Huck pega carona no movimento "Somos Todos Macacos". **Exame**, 29 abr. 2014. Disponível em: https://exame.com/marketing/somos-todos-macacos-tem-acao-de-agencia-e-de-luciano-huck/. Acesso em: 2 jun. 2025.

campanha e à superficialidade da repercussão a partir dela. Muitos a entenderam, inclusive, como estigmatizante, reforçando a lógica racista.[63]

Diante de toda a movimentação em torno desse caso de racismo, uma capa produzida pela revista *Veja* em maio de 2014 chama a atenção. Nela, o jogador Daniel Alves, vestido de terno cinza, com um broche de banana, sério, olhando para a câmera, faz o gesto que representa "dar uma banana" no Brasil. O texto que acompanha remete ao que se costuma dizer quando se faz o gesto de "dar banana": "aqui, ó!", escrito em letras grandes, amarelas, na lateral da imagem. Abaixo do título, segue um texto em letras brancas, com os dizeres:

---

[63] Martins, H. Para movimento negro, campanha "#somostodosmacacos" reproduz racismo. **Agência Brasil,** Brasília, 29 abr. 2014. Disponível em: https://agenciabrasil.ebc.com.br/direitos-humanos/noticia/2014-04/para-movimento-negro-campanha-somostodosmacacos-reproduz-racismo. Acesso em: 2 jun. 2025.

> "Daniel Alves, da seleção brasileira e do Barcelona, comeu a banana, os racistas dos estádios escorregaram na casca e o preconceito quebrou a cara — talvez para sempre"[64]

O texto alterna entre trechos literais como "comeu a banana", o que o jogador efetivamente fez, e trechos metafóricos como "os racistas escorregaram na casca" e "o preconceito quebrou a cara". Junto disso, observe que a capa da revista parece preconizar o que poderia ser o fim do racismo ao incluir o dramático "talvez para sempre" depois de afirmar que "o preconceito quebrou a cara". Aqui, está se falando sobre a repercussão do caso, a mobilização de pessoas famosas em

[64] Aqui, ó. **Veja**. 7 maio 2014. Edição 2372, ano 42, n. 19. Editora Abril.

torno da questão. Mas, ainda que a campanha pudesse ter sido efetiva em seus propósitos de questionar o racismo, talvez seja precipitado afirmar que o preconceito "quebrou a cara talvez para sempre".

Que a hipótese do fim do racismo tenha sido aventada pela revista através desse "talvez para sempre" nos coloca para pensar sobre as pessoas envolvidas na produção e editoria daquilo que está posto em uma revista. São jornalistas dedicados a pensar quais pautas serão destaque na semana, qual destaque ganhará a capa e como o destaque será reportado. São jornalistas que entendem que a atitude de um único jogador, em um jogo, e a subsequente repercussão viral de uma *hashtag*, com o apoio de uma agência de publicidade, seria capaz de dar fim, com propostas superficiais, a uma questão tão complexa no nosso país.

Podemos, então, nos perguntar qual é a referência de sociedade dos jornalistas — e da editoria — da revista para acreditar que um jogador, ao sofrer uma violência racista e reagir comendo a banana que lhe jogaram, combinado a uma campanha de marketing com os dizeres "somostodosmacacos", seria capaz de, "talvez para sempre", impedir o preconceito de acontecer. Quem são as pessoas convidadas a enquadrar tudo o que aconteceu a partir de uma redução simplista e pouco conectada à realidade de um país que somente pôs fim à escravidão no final do século XIX?

Enquanto no caso "Luighi" o jornalista ignorou o episódio de racismo vivido pelo jornal ao fazer sua pergunta na coletiva de imprensa, nesta capa da *Veja*, os envolvidos decidiram supor que o preconceito nos estádios poderia acabar diante da repercussão do ocorrido. Temos, com isso, duas maneiras de ignorar (ou subestimar) o racismo: uma de forma explícita, passando por cima do episódio; outra, de maneira menos explícita, reconhecendo que o preconceito existe, mas supondo que ele poderá ser extinto a partir de um fato isolado de condenação pública coletiva.

Aqui, não podemos nos esquecer da responsabilidade dos jornais e revistas em reportar e analisar casos graves de violência, dado que suas manifestações podem contribuir para um tratamento superficial dos episódios, banalizando as discussões. Nesse caso, a revista não está, claro, impedida de revelar a repercussão do caso e da campanha que o sucedeu, mas preconizar o possível fim do racismo diante da grave realidade de violência contra as pessoas negras em nosso país é justamente ignorar os dados que nos mostram essas violências, que acontecem todos os dias, muito além dos campos de futebol.

Episódios como esse, não raro em revistas de grande circulação e entre figuras importantes em grandes veículos, me levam a pensar no livro de Bourdieu já mencionado.

A primeira edição francesa surge em 1996 e, trinta anos depois, parece atualíssima.

> (...) acontece-me ter vontade de retomar cada palavra dos apresentadores que falam muitas vezes levianamente, sem ter a menor ideia da dificuldade e da gravidade do que evocam e das responsabilidades em que incorrem ao evocá-las diante de milhares de telespectadores, sem as compreender e sem compreender que não as compreendem. Porque essas palavras fazem coisas, criam fantasias, medos, fobias, ou, simplesmente, representações falsas.[65]

Essas representações falsas, como a do possível fim do racismo, fazem pensar, uma vez mais, no entendimento de mundo daqueles que estão ali, publicamente, retratando as histórias a partir de suas lentes. No livro *Não somos racistas*, Ali Kamel chegou a propor que

---

[65] Bourdieu, P. **Sobre a televisão**. Tradução de: Maria Lucia Machado. Rio de Janeiro: Zahar, 1997. p. 26

não somos racistas no Brasil (é o que diz, inclusive, o próprio título do livro).[66] O autor é um jornalista importante da rede Globo, onde atuou por mais de dez anos como diretor-geral de jornalismo. Ao publicar um livro para discutir o racismo em nosso país e, ao fazê-lo, negar sua existência, não há como não pensar o impacto desse entendimento na sua atuação como diretor-geral de jornalismo. O exemplo aqui trazido não pretende pessoalizar a questão, mas marcar o quanto vivemos em uma sociedade que nega a existência do racismo em diferentes esferas, inclusive entre aqueles que decidem (ou decidiram) quais pautas são importantes e como devem ser abordadas.

O livro de Bourdieu discorre também sobre a formação dos jornalistas, pasteurizada, tão parecida nas diferentes instituições. Dirá também da posição assumida por boa parte dos jornais tradicionais diante de diferentes

---

[66] Kamel, A. **Não somos racistas**. Rio de Janeiro: Nova Fronteira, 2006.

tópicos, posição essa que muitas vezes é homogênea: formas semelhantes de cobrir um episódio, de buscar uma pauta, de definir quais são importantes. Devemos aqui acrescentar a questão da diversidade: uma pesquisa recente não encontrou nenhuma pessoa negra atuando em cargos de chefia em redações no Brasil.[67] Outra pesquisa, de 2021, revelou que apenas 20% dos jornalistas nas redações brasileiras são negros.[68]

---

[67] Galhardi, R. Pesquisa em redações do Brasil não encontra nenhuma pessoa negra em cargo de chefia. IJNet - **Rede de Jornalistas Internacionais**, 25 ago. 2024. Disponível em: https://ijnet.org/pt-br/story/pesquisa-em-redações-do-brasil-não-encontra-nenhuma-pessoa-negra-em-cargo-de-chefia. Acesso em: 2 jun. 2025.Ã

[68] Cardoso, J.; Oliva, G. Só 20% dos jornalistas são negros nas redações brasileiras. **Poder 360**, Brasília, 17 nov. 2021. Disponível em: https://www.poder360.com.br/brasil/so-20-dos-jornalistas-sao-negros-nas-redacoes-brasileiras. Acesso em: 2 jun. 2025.

Jornalistas são atores sociais; eles participam e agem no mundo, negociando seus sentidos cotidianamente, a cada título de matéria, a cada tema escolhido como central e importante. Quando ignoram um grave episódio racista e optam por fazer uma pergunta banal a um jogador, ainda que não tenham a intenção ou não percebam, acabam por determinar o que deve ser o tema e o foco de uma questão. No caso de Luighi, ele se insurgiu contra a negação do racismo pelo jornalista, que revitimiza o jogador que acabara de sofrer as violências.

No caso da capa da revista *Veja*, uma revista tradicional brasileira, o que temos é um olhar sensacionalista e raso sobre a questão, que contribui para o discurso que ignora a força do racismo em nossa sociedade. A editoria de um jornal faz escolhas que têm motivações várias, que incluem, entre muitas outras, chamar nossa atenção para que consumamos aquele produto, uma notícia, uma entrevista, uma revista. Essas motivações não devem — ou não deveriam — se sobrepor à responsabilidade dos veículos e seus jornalistas por apresentar informações relevantes, mostrar às pessoas a realidade em que vivemos. O racismo é parte dessa realidade, ainda que haja aqueles que insistam em dizer que não. No jornalismo, reconhecer o racismo passa por muitas camadas:

- Como ampliar o quadro de jornalistas negras e negros nas redações pelo Brasil?
- Qual o olhar das editorias sobre a questão do racismo e quem participa das decisões editoriais?
- Quais perguntas podem — e devem — ser feitas em casos de racismo e a quem devem ser direcionadas?
- Como jornalistas brancos podem contribuir para editorias antirracistas nos jornais em que atuam?

- Como são retratadas as pessoas negras e brancas nos diferentes jornais e reportagens?

Pensar essas questões não é "dividir o Brasil em duas cores", é ter consciência sobre a história fundante do nosso país e operar a partir dela, buscando a minimização dos efeitos do racismo também na produção textual jornalística — da busca da pauta, passando pela escolha dos personagens convidados a falar e sobre o quê, chegando na escrita do texto. Todos os dias. A construção de melhores práticas jornalísticas nas redações e na formação dos jornalistas passa pelo reconhecimento dos problemas de nossa nação — e como eles chegam nesses espaços. É uma longa jornada, que abrange cada pergunta, cada manchete, cada título, cada texto.

5. Mas então, o que é que fica?

Eu 'to te explicando
Pra te confundir
Eu 'to te confundindo
Pra te esclarecer
'To iluminado
Pra poder cegar
'To ficando cego
Pra poder guiar

Tom Zé, em "Tô"[69]

[69] Zé, Tom; Medeiros, Elton. Tô. *In*: TOM Zé. **Escutando o samba**. Rio de Janeiro: Continental, 1975. 1 disco sonoro (LP).

Em dezembro de 2015, dei início a um projeto que transformaria a minha vida de maneiras curiosas e inimagináveis até então: criei um canal no YouTube para discutir questões de linguagem.[70] A princípio, ele estava atrelado à questão da linguagem e comunicação no ambiente de trabalho, o que rapidamente se mostrou um recorte muito específico. Com o tempo, outros tantos temas foram se tornando recorrentes e, junto com eles, surgiu também o lema do meu canal: "Como nos comunicamos importa".

Como linguista, estou interessada na comunicação, na interação, na língua falada, escrita ou sinalizada. O "como" é parte crucial disso: os gestos que empregamos, o tom de voz, a escolha das palavras e das estruturas linguísticas, as variedades regionais que nos acompanham na fala e também na escrita.

---

[70] Viscardi, J. [YouTube: @JanaViscardi]. Disponível em: https://www.youtube.com/janaviscardi. Acesso em: 2 jun. 2025.

Tudo isso é parte de uma língua; tudo isso, produzido num contexto específico, importa na nossa produção cotidiana.

A interpretação do "como", no entanto, pode gerar ambiguidade. Num mundo em que as pessoas insistem em resumir língua à norma-padrão, pode ser que um desavisado entenda que o "como nos comunicamos importa" seja um mote para a vigilância das produções que vão além do padrão. Mas aqui, já adianto: como linguista, nem de longe esse seria meu interesse. O que me salta aos olhos são as escolhas que vamos fazendo para dizer o que vemos no cotidiano, em diferentes circunstâncias, como diferentes atores sociais.

É desse meu interesse e curiosidade que nasce este livro. Há muitos anos eu me dedico a analisar títulos e manchetes de jornais e revistas, além de anúncios de propagandas de todo tipo, em muitos dos meus vídeos no YouTube e no Instagram. Meu interesse está ancorado em uma área de conhecimento que é a base de toda a minha produção: a linguística. Essa área, ainda hoje pouco conhecida do público não especializado, analisa e discute as mais variadas questões de linguagem: da aquisição das primeiras palavras por uma criança à origem e transformação de estruturas específicas de uma ou mais línguas. Dentre os meus (muitos) interesses no campo, destaca-se justamente a maneira como linguistas vão articular conhecimentos para analisar como o discurso midiático se apresenta no nosso cotidiano.

Nós, como sujeitos num mundo cada vez mais midiático, somos indubitavelmente impactados por aquilo que vemos e lemos todos os dias. Por isso, me parece vital que pensemos as distintas dinâmicas envolvidas no processo de construção das notícias, para que estejamos atentos e possamos fazer leituras mais conscientes, dado que, no jornalismo, o que temos são traços e perspectivas sobre uma dada realidade, nunca a realidade ela mesma, em si, desdobrada diante de nós em um texto.

No livro que citei algumas tantas vezes neste meu trabalho, Bourdieu diz que, quando estamos diante de uma fotografia, o que vemos não é o objeto fotografado em si, mas a imagem do objeto. Para chamar a atenção do leitor para essa importante informação, o autor nos lembra da análise de uma imagem do fotógrafo Joseph Kraft, feita por Jean-Luc Godard, cineasta francês: era "não dizer mais: 'É um oficial do exército dos federais sobre um cavalo', mas: 'é uma *imagem* de um cavalo e de um oficial'".[71]

Pode parecer irrelevante, mas faz, na verdade, muita diferença, entendermos que não estamos diante do objeto em si, mas de

---

[71] Bourdieu, P. **Sobre a televisão**. Tradução de: Maria Lucia Machado. Rio de Janeiro: Zahar, 1997. p. 12

uma imagem dele, assim como não estamos diante de um acontecimento em andamento quando lemos uma notícia ou a assistimos sendo veiculada em diferentes mídias. O que temos ali é o conjunto de informações que se escolheu veicular sobre aquele episódio. E isso é fundamental.

Significa, então, que devemos ignorar todo e qualquer jornal, não mais acompanhar nenhum veículo de mídia? Claro que não. O objetivo deste livro é mostrar como os textos são importantes no nosso cotidiano e o quanto é preciso ter atenção à sua leitura e interpretação, para que mantenhamos um olhar crítico e cuidadoso sobre o mundo. Para que possamos, a partir daquilo que lemos e vemos, ir construindo o nosso entendimento do que está diante de nós, e das diferentes camadas que compõem aquilo que está diante de nós.

Esse olhar crítico passa também, mas não só, por pensar as mudanças que vão acontecendo nas redações: o número de profissionais atuando, o sucateamento das profissões vinculadas ao jornalismo, o desafio da produção de conhecimento no mundo das Big Techs, a mudança em quem são os atores responsáveis por produzir, na atualidade, conhecimento sobre o mundo.

Em meio a tantas questões, há algo que, para mim, como linguista, não deve ser esquecido e, por isso, friso uma vez mais: quando se fala sobre texto e sobre relatar episódios da vida e do mundo, há um lugar-comum que me parece crucial — e talvez até mesmo por isso ele seja um lugar-comum; uma mesma situação poderá ser relatada de maneiras muito diferentes, por uma mesma pessoa e por pessoas diferentes que acompanharam o mesmo evento.

Essa é uma informação muito importante para aquilo que propus como conversa neste livro. Ao trazer uma série de críticas e questões sobre títulos e manchetes de diferentes materiais jornalísticos, não tenho por objetivo definir uma maneira única de escrevê-los e descrevê-los. Ao contrário, meu objetivo é mostrar que há outros caminhos, vários, não apenas um, de apresentar uma mesma situação. É nesse sentido que entendo que a voz passiva não precisa ser a única (ou majoritária) maneira de se reportar casos de feminicídio (ou assassinatos em geral), ignorando tantas vezes o agressor. É também nesse sentido que questiono a escolha por imagens "festivas" de casais quando há violência envolvida na notícia relatada. Também poderia ser incluída uma discussão mais aprofundada sobre o papel de cada agente do Estado na manutenção de uma cidade segura, assim como deveríamos ampliar e aprofundar as discussões sobre o racismo, sem supor seu fim em função de uma mobilização viral nas redes.

Não há novidade nos meus questionamentos. Eu mesma menciono outros livros que também discutem questões semelhantes. Mas, além de desejar mostrar as impertinências dessas construções, meu interesse está também, e muito, em ampliar o olhar crítico das pessoas sobre essas situações. Este trabalho, nem de longe, pretende descredibilizar jornais ou desfazer a confiança — que anda se perdendo, inclusive — das pessoas nesses veículos, ainda tão importantes para que nos mantenhamos informados. Para mim, como leitora, é importante que tenhamos consciência dessas inconsistências e problemas para que possamos reconhecer as limitações de todo e qualquer jornal ao relatar um episódio, ao nos fornecer informações sobre um ocorrido. Nenhum texto será capaz de trazer todas as informações — e alguns tantos propositalmente não as trarão —, de modo que, como leitora, devo estar atenta àquilo que parece escapar ao texto, àquilo que deixa passar algumas tantas nuances.

Nada disso tem a ver, no entanto, com os extrapolamentos do estilo "mamadeira de piroca", uma história inventada que vai ganhando coro na voz de pessoas interessadas em bagunçar o ecossistema da informação, criando histórias que assustam e segregam grupos, que passam a consumir apenas informações produzidas por fontes muitas vezes obscuras. Observe, inclusive, que muitas *fake news* emulam o estilo jornalístico de produção da informação para passar credibilidade e veracidade aos seus leitores.[72] Não parece, então, um contrassenso que os jornais sejam completamente

[72] Ver, por exemplo, Bentes, A. C.; Souza-Santos, J. E. Contribuições para a compreensão das fake news como produções textuais-discursivas incorporadas ao campo jornalístico. **Revista da Anpoll**, 54, e1902, 2023. Disponível em: https://doi.org/10.18309/ranpoll.v54i1.1902. Acesso em: 2 jun. 2025.

descredibilizados em prol de conteúdos produzidos com base em mentiras, mas que se valem da estrutura entendida como credível para se fortalecer e disseminar?

Ainda que um cenário como esse possa parecer desanimador — Em quem confiar? Como conferir a veracidade de uma informação? A quais veículos recorrer? —, com este livro eu gostaria de deixar a mensagem de que há caminhos, alternativas a uma lógica que descredibiliza a imprensa. Parte do descrédito pode vir de uma escrita pouco cuidadosa com grupos variados — em especial as diferentes minorias, algo que é discutido e criticado há décadas, mas pouco levado em conta pelos grupos hegemônicos de produção de informação. É possível reportar os casos sem estereotipar. É possível trazer as palavras de um possível agressor sem dar a ele o palco para assumir atrocidades (ou mentir sobre elas), justificando seu comportamento em cadeia nacional. É também possível repensar a lógica racista do mundo em que vivemos a partir da escrita. Quem é, de pronto, chamado de bandido? Quem, em contrapartida, é sempre chamado de "empresário", mesmo que condenado?

Em momento anterior da história do jornalismo, os jornais eram majoritariamente veículos de expressão de opiniões. Uma mudança importante — e progressiva — acontece quando os jornais passam a ser os veículos conhecidos por apresentarem os fatos, por narrarem os acontecimentos nas esferas municipal, estadual, federal, internacional. Ao longo do tempo, muitos dos jornais impressos locais e independentes perdem relevância e desaparecem. Essas e tantas outras transformações fazem com que muito do que lemos sobre os fatos cotidianos seja semelhante nas diferentes regiões. Pasteurizado e homogêneo, como já disse em outras circunstâncias. Os jornais tradicionais acabam seguindo uma lógica semelhante na cobertura dos diferentes episódios, e, na busca pela tão sonhada "neutralidade", acabam por contribuir para a manutenção de discursos hegemônicos.

O século XXI traz ainda uma outra questão: a redução significativa das redações, do número de profissionais atuando para produzir o conhecimento sobre o que se passa no mundo, o formato das escolas de jornalismo, os alunos que podem estar nesses espaços, o financiamento para a continuidade da produção do conhecimento sobre o mundo por diferentes veículos, de diferentes tamanhos. Tudo isso importa quando se vai pensar a questão dos textos jornalísticos. Tudo isso contribui para sua qualidade e diversidade. Tudo isso passa, de alguma forma, pelo texto.

Espero que as conversas trazidas aqui não tenham apenas confundido você, mas mostrado essas tantas nuances da produção escrita pública, em especial a jornalística. Afinal, como comunicamos importa. E muito.

Agradecimentos

Este livro foi desenvolvido em um período de vida bastante turbulento. Escrever somente foi possível com a colaboração de um conjunto importante de pessoas, algumas das quais pretendo nomear aqui. Outras tantas, ainda que não diretamente nomeadas, saberão que falo delas.

Ao Eduardo, por estar sempre por perto. À minha mãe, Izabel, pela paciência e bom humor com que lidou com os desafios que afetaram sua vida no ano de 2024. À minha irmã, Janaina, pela parceria nas inúmeras decisões que tivemos que tomar diante de tantas mudanças em nossas vidas; é nesse carinho que seguimos juntas. Às minhas tias, por nos apoiarem nos momentos de dor e medo. Aos familiares que estiveram conosco, buscando o caminho do conforto e do cuidado. À Thais Albieri, amiga querida, primeira pessoa a ler um manuscrito completo meu, e que me encorajou a seguir escrevendo. À Mariana Saliby, amiga e comadre, pela belíssima foto que me apresenta neste livro. Às amigas e amigos que me escutaram, em casa, pelo telefone, no ambiente de trabalho, e que me fizeram rir, lembrando que a vida é tudo e tanto. Agradeço também às pessoas tão generosas que se aproximaram para oferecer ajuda quando tudo parecia sem rumo e assustador.

Ao querido escritor Marcelino Freire, que, através de sua oficina, me auxiliou a me reconectar com a escrita e levar adiante este projeto. Sua leitura de todo o texto e suas observações cuidadosas também me estimularam a seguir criando. Às colegas de oficina, com quem tanto aprendi. À Clarissa e à Anissa, minhas editoras, sempre dispostas a ler o que proponho e pensar os melhores caminhos para essa minha escrita.

À Editora Planeta, por ser minha casa editorial, e a todas as pessoas que, em trabalhando nela, fazem este livro ser possível.

Escrever é um ato coletivo; são muitas as vozes que se encontram, é grande a força de trabalho que faz com que um projeto como este seja concluído. Disso, não podemos nos esquecer jamais. Um ato coletivo. A essas pessoas, que todos os dias dedicam seu tempo a aprimorar projetos de escrita múltiplos e diversos, a minha mais generosa saudação.

Agora, este livro toma seu curso, amplo, a partir das leituras diversas feitas por quem me lê.

Finalmente, então, a você que dedica seu tempo a se ocupar das palavras que aqui ofereço, muito obrigada.

LEIA TAMBÉM

Jana Viscardi
O que saber antes de começar a escrever
NÃO EXISTE CERTO NEM ERRADO
As tensões da língua:
A escrita para além do text
ESCREVER SEM MEDO
um guia para todo tipo de texto
Planeta

Acreditamos nos livros

Este livro foi composto em Cassia Light
e impresso pela Gráfica Santa Marta para a
Editora Planeta do Brasil em agosto de 2025.